人文体育研究文库

本著作的出版得到了
国家社会科学基金项目（No.17CTY001）
资助

体育赛事媒体版权
运行理论与实践

王　凯　李冉冉　汪逢生　著

南京大学出版社

图书在版编目(CIP)数据

体育赛事媒体版权运行理论与实践 / 王凯，李冉冉，汪逢生著. —南京：南京大学出版社，2022.3

（人文体育研究文库）

ISBN 978-7-305-25493-2

Ⅰ. ①体… Ⅱ. ①王… ②李… ③汪… Ⅲ. ①运动竞赛－传播媒介－著作权－研究－中国 Ⅳ. ①D923.414

中国版本图书馆 CIP 数据核字(2022)第 039364 号

出版发行	南京大学出版社
社　　址	南京市汉口路 22 号　　邮　　编　210093
出 版 人	金鑫荣
丛 书 名	人文体育研究文库
书　　名	**体育赛事媒体版权运行理论与实践**
著　　者	王 凯　李冉冉　汪逢生
责任编辑	苗庆松　　　　　　编辑热线　025-83592655
照　　排	南京开卷文化传媒有限公司
印　　刷	苏州市古得堡数码印刷有限公司
开　　本	718mm×1000mm　1/16　印张 11　字数 200 千
版　　次	2022 年 3 月第 1 版　2022 年 3 月第 1 次印刷

ISBN 978-7-305-25493-2

定　　价　49.80 元

网　　址：http://www.njupco.com

官方微博：http://weibo.com/njupco

微信服务号：njuyuexue

销售咨询热线：(025)83594756

前 言

　　自 2014 年国务院 46 号文件发布以来,伴随着体育赛事市场的放开,体育赛事媒体版权市场得到了极大的盘活。国内主流媒体、赛事中介公司、新兴网络媒体的版权争夺战拉开了序幕。版权意识的崛起、实践的增多、版权竞争的激烈、资本的追捧反映出产业发展的热度,不得不说这是一件幸事。然而这种"热"带来了媒体赛事版权购置成本的急速飙涨,尤其经营端的变现能力和手段还比较弱,威胁着体育传媒乃至我国体育赛事产业的可持续性发展,乐视体育的资金链问题和"赛事媒体版权囤积模式"的失败已为我们敲响了警钟。在此背景下,我国体育赛事媒体版权的运行议题对体育媒体和体育赛事乃至体育产业的发展都有着积极的意义。产业链运行作为企业和行业竞争力提升的有效做法,为体育赛事媒体版权的运行提供了有益的指导。

　　无传播不体育、无传播不产业,同样无赛事版权,体育传媒也无法很好地施展自身。疫情冲击下的赛事荒导致体育媒体"无米下锅"就是现实的写照,而有米后如何去做好以及更好地实现价值,是事关体育传媒产业和体育赛事产业的大问题。本书将产业链理论引入体育赛事媒体版权运营中来,初步探索构建我国赛事媒体版权产业生态链模型,丰富相应理论体系,拓展体育赛事版权研究视野,为更高效、更优化的体育赛事媒体版权运作提供一定的指导。

　　本书在结构上主要由三大部分构成,第一部分为理论篇,由前六章组成,通过回溯产业链理论来明确概念认知与理论脉络。在此基础上,全方位分析了我国体育赛事媒体版权产业链的商业逻辑与基本状态,厘清了产业链运行的动因与运行模式,概括了我国体育赛事媒体产业链的运行方略与运行机制。同时对国内体育赛事媒体版权所处的实践场域、法制场域、传媒特性、赛事组织特性等运行生态进行分析,并指出当前我国体育赛事媒体版权应当尽早实现从资源导向向需求驱动的逻辑转向。本书通过前六章建构了基于产业链理论的体育赛事媒体版权运行理论体系。第二部分为扎根篇,由第七至第十章这四章组成,立足于国内外体育赛事媒体运作的代表性案例,借助体育赛事媒体版权运作的产业链理论,详细分析了其运作的具体操作流程与利弊得失,以期为国内体育媒体的赛事版权运作提供实践参考。最后一部分为总结篇,在理论篇与扎根篇具体分析的基础上,总结出基于我国国情的体育赛事媒体版权产业链的运行路径。

在本书的写作过程中,李冉冉、汪逢生、刘安琪、褚国香、陈明令、徐晨忠、徐斌、郭芝含、陈倩、崔琴琴等人也参与了资料搜集、案例整合等部分工作,在此一并致以谢意!感谢南京大学出版社的编辑老师,他们的严格把关、细致修改保证了本书的质量。

作为体育赛事媒体产业链领域的探索之作,本书还存在较多不完善的地方,期待各位学界、业界的朋友们进行批评指正,为共同推动我国体育赛事产业更好地发展而努力!

作 者
2021 年 11 月

目 录

第1章 绪 论

1.1 研究背景

1.1.1 体育产业发展带来了赛事的债张

2014年,国务院下发的《关于加快发展体育产业促进体育消费的若干意见》(以下简称《意见》)中提出了到2025年,我国体育产业总规模将达到5万亿元的规模;各地方版的指导意见相继发布以后,将累计达到7万亿元的水平。在政策刺激、百姓需求以及市场反应的多维助力下,整个体育产业领域呈现出快速发展的态势。根据国家统计局的相关数据,我国2012年体育产业总规模为9 500亿元,实现增加值3 136亿元,GDP占比仅为0.60%;2013年相应数据分别为11 000亿元、3 563亿元和0.63%;2014年体育产业总规模为13 575亿元,实现增加值4 041亿元,占当年GDP的比重为0.64%。[1] 2015年,全国体育产业总规模和增加值分别达到1.7万亿元和5 494亿元,占GDP的比重达到了0.8%。2018年8月,国家发展改革委社会司司长欧晓理表示,今年我国体育产业持续高速发展已经成为经济发展的"新风口"。预计到2018年年底,体育产业增加值占GDP的比重将超过1%,体育消费将近1万亿元,体育产业机构的数量增长将超过20%,吸纳就业人员将超过440万人。体育产业对促消费、惠民生、稳增长的作用不断体现。同时指出体育产业发展的结构不断优化,体育服务业增加值占体育产业增加值的比重超过50%,健身休闲产业和竞赛表演业增速均超过20%。[2]

在体育产业整体进发的同时,体育赛事也在快速发展,无论是全国性或国际性规模较大的体育赛事,还是商业性或群众性的体育赛事,在数量上都呈现出快速增长的局面。仅马拉松赛事便从 2011 年全年的 22 场,一跃发展至 2017 年的 1 102 场(田协注册),各类武术搏击赛事、自行车赛事、羽毛球和乒乓球等各项目比赛也是大量举办。第三方赛事票务平台的数据显示,在售项目成交张数方面,相比于 2016 年,2017 年的体育赛事出现了480％的增长,成为经济下行压力下一道耀眼的风景。无论是以参与者的身份参与到赛事当中,还是以观众的身份观赏赛事,人们对赛事的热情都已经被点燃,也带动了赛事关联业态的发展。而体育赛事媒体版权(传统的电视转播权)作为体育赛事的重要传播手段和盈利来源,既关系到赛事本身的影响力传播,也关系到自身变现,同时对媒体又是很好的新闻来源,尤其是影响力较为突出的国内外顶级赛事资源。赛事的发展自然带动了市场对体育赛事媒体版权的关注。

1.1.2　体育政策红利带来了资本的活跃

2014 年国发〔2014〕46 号文件的发布可以说是体育产业发展的新节点,而2015 年则可以说是体育产业发展的新元年。在 2014 年顶层政策的设计下,2015 年,全国各地方相继出台了配套的政策文件,随后相关部门又相继出台了《中国足球中长期发展规划(2016—2050 年)》《体育发展“十三五”规划》《体育产业发展“十三五”规划》《关于加快发展健身休闲产业的指导意见》《冰雪运动发展规划(2016—2025 年)》《水上运动产业发展规划》《航空运动产业发展规划》《山地户外运动产业发展规划》等。从中央到地方对体育产业都给予了极大的重视,并在政策上给予了顶层设计,提供了诸多的支持。在金融危机阴影犹在,诸多传统行业遇到发展瓶颈的背景下,诸多市场主体敏锐地嗅到了体育产业领域的机会,以及体育竞赛表演市场所具有的潜力。诸多传统资本力量意识到体育赛事在体育产业发展中的龙头地位,并洞察到体育赛事媒体版权在整个体育赛事产业乃至体育产业中的资源价值,纷纷布局体育产业。比如,阿里巴巴成立了阿里体育、腾讯成立了腾讯体育、苏宁成立了苏宁体育、万达成立了万达体育、中国移动与咪咕达成合作涉足世界杯版权,等等。这些资本大佬布局体育产业的过程中一个重要的手段就是购买囤积体育赛事版权。

腾讯体育 2015 年年初 NBA 网络独家版权的获得拉开了体育赛事版权竞逐的新时代。自此之后,CCTV-体育频道、五星体育、乐视体育、PPTV 体育、新浪体育、阿里体育、万达体育、腾讯体育、体奥动力等相关主体展开了体育赛事版权争夺大战。而在大力布局的体育赛事版权中,大部分是通过引进而得到的境外或国际性赛事资源(见表1-1)。截至2016年4月,乐视体育一举拿下了超过310项体育赛事的转播权,其中72%是独家权益。较为典型的引进项目有亚冠、12强赛、英超、英格兰足总杯、英冠、英甲、英乙、欧冠、意甲、意大利杯、西甲、西班牙国王杯、德甲、德国杯、法甲、德国国家队、日本J联赛、韩国K联赛、美国职业足球大联盟(MLS)、美国职业棒球大联盟(MLB),以及NCAA Pac-12联盟旗下篮球、橄榄球、足球、ATP、WTA、NFL、PGA锦标赛,美国名人赛事和国际汽联世界拉力锦标赛(WRC)等。腾讯体育引进了NBA、英超、FIBA、西甲、NFL、英雄联盟等赛事资源;PPTV体育重点引进了西甲、亚冠、英超、UFC、WWE中国房车锦标赛等赛事的版权;新浪体育则引进了意甲、欧冠、德甲、亚冠等赛事的版权。

表1-1 主要主体购买赛事版权情况(不完全统计)

主要赛事版权购买主体	成立时间	主要赛事版权
乐视体育	2012年8月乐视体育频道成立,2014年独立上线	英格兰足总杯、英冠、英甲、英乙、欧冠、英超、意甲、意大利杯、西甲、西班牙国王杯、德甲、德国杯、法甲、德国国家队、日本J联赛、韩国K联赛、美国职业足球大联盟(MLS)、美国职棒大联盟(MLB),以及NCAA Pac-12联盟旗下篮球、橄榄球、足球、ATP、WTA、NFL、PGA锦标赛,美国名人赛事和国际汽联世界拉力锦标赛(WRC)等
腾讯体育	2003年12月	NBA、英超、西甲、意甲、欧冠、NFL等
PPTV体育	2005年	西甲、亚冠、英超、大足联赛、CBA、足协杯、UFC、WWE中国房车锦标赛等
新浪体育	1998年	中超、CBA、意甲、欧冠、德甲、亚冠等
阿里体育	2015年9月9日	NFL转播权
苏宁体育	2017年1月	西甲联赛中国地区独家全媒体版权、英超联赛中国大陆及澳门地区独家全媒体版权、2017赛季中超联赛新媒体的全场次独家版权,以及亚冠、世预赛等全媒体转播权和信号制作权,德甲联赛签署2018—2023年共5个赛季的独家全媒体版权等

成立于2015年的万达体育通过收购直接控股赛事公司,首先入股马德里竞技俱乐部,又以10.5亿欧元的价格并购了瑞士盈方体育传媒,同年8月以6.5亿美元收购了世界铁人公司(WTC)。阿里体育成立于2015年9月,2016年开始培育原创性电竞运动会(WESG)。2017年,苏宁体育集齐欧洲五大联赛

赛事版权,并将中超、亚冠、欧冠等赛事版权尽收囊中。据不完全统计,2016年,中国企业引进国际赛事版权的投资额超过 100 亿元人民币(不包含未公开的数字)。2018 年 7 月,苏宁体育在以 2.5 亿欧元获得德甲 5 年版权后,其在体育赛事媒体版权领域的投资已经超过百亿。从中国企业的行动路径中,我们能够观察到体育赛事版权的引进呈现出全面出击的态势。引进主体从早期的以传统媒体(以央视为主)为主,衍生到包括传统媒体、互联网媒体、赛事公关公司等多元主体在内的竞争态势。而随着市场的开拓,体育赛事版权正在由"媒体版权为主"向"媒体版权＋赛事所有权＋赛事运营权＋赞助权"等多版权资源拓展,表明引进竞争主体和引进竞争对象不断拓展的发展态势。

1.1.3　体育赛事媒体版权引进价格的盲目高企

近些年在顶层设计的东风下,资本市场对体育赛事媒体版权给予了前所未有的关注,争相布局优质的赛事媒体版权资源,市场出现了较为激烈的版权竞争态势,尤其是吸引了资本力量对这一领域的布局,典型的就是腾讯、苏宁、乐视等企业开始入局赛事媒体版权争夺。而在多种因素的推动下,我国体育赛事媒体版权的引进价格呈现出快速增长的态势。比如,我们熟悉的篮球顶级优质赛事版权 NBA,其近些年的网络版权价格呈现出几何式上涨的态势,从 2010 年前后的 700 万美元/年跃升至新一轮的 1 亿美元/年;足球联赛代表的英超大陆地区的版权价格也是突飞猛进,在 2010 年前后,英超在中国大陆地区的网络媒体版权仅有 3 年 5 000 万美元左右,而近期苏宁以 7.21 亿美元(7 亿美元直播版权＋2 100 万美元点播权,约合 49.67 亿元人民币)的费用获得英超 3 年的媒体版权,再次冲击着行业的感官,10 年十余倍的增速,着实让人感慨,这一价格也远远超过了同期的美国英超版权价格(6 年 10 亿美元,每年 1.67 亿美元),让人感叹资本的"疯狂"。而就体育传媒市场来说,无论是版权资源的开发能力还是消费市场的成熟度,我国相较于美国市场来说都还处在相对稚嫩的状态,尤其是体育赛事媒体版权的运作方式及收入来源相对单一,商业模式尚不成熟,在此基础上,版权价格却远超对方。因此,我们不得不对苏宁版权引进的高价格致以冷观。不仅苏宁,在中国市场的推动下,国际赛事版权的引进价格普遍呈现出几何式跃升。在市场的培育阶段,如何收回成本并且持续发展,这些是值得我们深思的问题,乐视体育在"疯狂"的两年之后出现了严重的资金链问题,原本构建的以赛事媒体版权为核心的生态圈已宣告失败,引发了市场理性投资赛事媒体版权的反思。

1.1.4 体育赛事媒体版权运营变现乏力

体育赛事版权大肆引进的目的是借助上游的版权资源占有并形成特有的垄断市场,进而变现,获得丰厚的市场回报。但目前在我们的体育赛事媒体版权市场中存在着较为严重的重心失衡状态。诸多买方将主要或重要的精力置于各类顶级赛事媒体版权的竞得上,而在赛事媒体版权的开发运营上,要么是对自我版权运营的能力评估不足,要么是对赛事媒体版权开发市场的估计过于乐观,要么是对赛事媒体版权运营的困难考虑不足,在获得赛事媒体版权后未能有效地进行市场开发和资本变现。因为版权的过度投入、变现能力不足所造成的企业倒闭现象并不鲜见。近两年,阔步前进的乐视体育因为在媒体版权策略上采取"贪大求全"的策略,在商业模式尚不成熟的情况下将过多的资金投到版权的获得上,透支了自身的持续发展能力,导致最终被动的境地,其所购得的版权被竞争对手纷纷蚕食。正如业内人士指出的那样:"不少新媒体的出价策略就是以攫取资源、不计成本为出发点,最终能否收到回报,可能还需要几年的时间周期才能一见分晓的。"[3] 从当前的市场运作情况来看,体育赛事媒体版权的运营变现模式还存在诸多变数,各家版权争夺主体都在不停地摸索中,但变现乏力是当下不争的事实,值得我们去探讨。

1.2 研究的目的与意义

1.2.1 研究的目的

① 构建体育媒体赛事版权的产业链模型。
② 在对我国体育媒体赛事版权运行的基本状态进行分析的基础上,结合媒体的自身条件分析出其产业链延伸的可能领域、基本条件和运行机制,为我国体育赛事媒体版权的运营提供参考。

1.2.2 研究的意义

① 是体育赛事媒体版权所有者价值持续的需要。体育赛事媒体版权并

不是一朝一夕的事情，只有确保其运营变现的顺畅，才能够保证体育赛事本身的价值持续。

② 是体育赛事媒体版权购买方资本变现的需要。体育赛事媒体版权运行体系的研究通过体育赛事产业链的探寻，能够更全面、更系统地考虑体育赛事版权的运行问题，促进版权购买方实现权益。

③ 是体育赛事市场安全与吸引力持续的需要。通过体育赛事媒体版权运行的探寻，促进版权的变现能够更好地保证体育赛事市场的安全，保持或提升体育赛事市场对资本、受众等的吸引力。

1.3　研究综述

1.3.1　产业链的相关研究

1. 产业链的概念

产业链的理论思想来自西方社会，但国外很少使用产业链这一概念，在国外较为常用的是价值链、供应链等概念。亚当·斯密关于分工的著名论断是产业链理论产生的思想来源，这一时期的分工强调企业内部的分工，马歇尔将分工扩展到企业与企业之间，成为产业链理论的真正起源。国外学者对产业链的研究早于国内。Houlihan(1988)认为，产业链是从供应商开始，经生产者或流通业者到最终消费者的所有物质流动。Stenvens(1989)将产业链描述为由供应商、制造商、分销商和消费者连接在一起组成的系统，并伴随着物质流和信息流(芮明杰，2006)。[4]刘贵富、赵英才(2006)认为，产业链是同一产业或不同产业的企业之间，以投入产出为分析主线，以用户的需求驱动为动力，以价值的增值和实现为目标，依据特定逻辑联系和时空布局所形成的上下关联的、动态的链式中间组织，往往包括供应商、制造商、分销商、消费者等几大环节。[5]吴金明、邵昶(2006)等认为，产业链是由供需链、企业链、空间链和价值链四个维度有机组合而形成的链条。[6]王宏强(2016)认为，产业链可以理解为同一产业或不同产业中具有竞争力的企业及相关企业，以商品或服务创造过程中所经历的从原材料到最终消费品的各环节为纽带，按照一定的产业组织和空间联系，联结成的具有价值增值功能的链网状经济组织系统。[7]

2. 产业链的演化动力研究

产业链发展的动力是一个重要的研究内容。迈克尔·波特(Michael E P)(1998)从产业集聚的维度阐释了产业链对产业集群的意义,并强调产业链运作能够最终促进产业竞争优势的形成。[8]Losifidis P(2006)研究指出,企业的竞争优势源于主体之间更好的互动,产业链治理所带来的产业链条利益相关者之间的互动能够更好地促进体育传媒体系的竞争力。[9]涂颖清、杨林(2010)在分析了产业链的演化初创、规模化、集聚化、平衡和战略四个阶段的基础上,对市场不确定性、技术、专利、知识共享与分享、交易成本节约等要素进行了论述。[10]刘烈宏、陈治亚(2016)在总结前人分析的基础上,从内部因素和外部因素两个方面梳理了产业链的生成动力,认为交易费用的降低、风险的规避、社会资本的利用、社会分工的专业化、技术的创新等是推动产业链生成与发展的内部因素,产业链主体的区位、技术进步、产业政策等是推动产业链生成与发展的外部因素。[11]王玲俊、王英(2017)从协同与竞争的角度对光伏产业链的形成演化进行了论述。[12]李湘棱(2019)认为,市场需求、国家政策、农户意愿、资源供给等是农村电商产业链持续发展的动力。[13]总体来看,对产业链发展动力机制的研究从内外两个维度进行了较好的探索,在演化动力机制上,学者们从系统论的角度,基于协同与竞争等展开了较为充分的论述,研究涉及农业、信息产业、战略新兴产业等各个领域。

3. 产业链的运行机制研究

动力机制是解决产业链为何要形成以及形成后推动力的问题,而要形成产业链并进行良性的运转离不开有效的运行机制,运行机制的研究也是产业链发展中的一大研究热点。刘贵富(2007)从利益分配、风险共担、竞争谈判、信任契约、沟通协调和监督激励等维度构建了产业链的运行机制。[14]肖小虹(2012)分析指出,坚持动态发展、组织协调、利益协调和风险控制是促进农业产业链良性运行的有效机制。[15]张庆彩、吴椒军、张先锋(2013)从政府行政(包括财税、金融、土地、市场准入等手段及法律法规体系的完善等)和企业治理两个维度阐释了新能源汽车产业链的演化机制,并分析了产业链演化的不同阶段相应的作用力认为,在发展的初期阶段,政府行政机制作用突出,而到成熟阶段,企业治理机制则愈发重要。[16]王静(2014)在分析了物流产业链的形成与发展机制后认为,分散的实体及其自组织是产业链的形成机制;信任机制、信息共享机制、协作调控机制等是产业链运行的实现机制;约束机制、分配机制等的建立是产业链运行的保障。[17]

4. 产业链的整合发展研究

产业链是动态发展的,对产业链整合优化的研究是研究的一大焦点。产业链的整合主要包括横向整合和纵向整合。Peteraf(1993)[18]、Cai 和 Obara (2009)[19]、Michael Z(2015)[20]、李怀等(2011)等[21]认为,横向整合能够带来交易成本的降低,促进信息技术分享,扩大市场份额,提升规模经济效益等。Ordover 等(1990)认为,纵向整合产生的市场圈定效应能够带来企业市场份额和利润的增加,形成竞争优势。[22] Loertscher 和 Reisinger(2014)通过对竞争环境中上游生产行为与影响的分析得出,实施产业链整合能够形成竞争排斥,且市场集中度高的行业更具有纵向整合倾向。[23] Normann(2009)研究得出,上游企业的纵向整合行为对具有反竞争效应的合谋动机具有促进和巩固作用。[24] 吴刚和朱勇(2013)基于双寡头市场结构研究产业链整合对下游企业的影响得出,整合产生市场竞争排斥提升竞争能力的同时会抑制下游独立企业的创新投资行为,但参与整合企业的创新投入将受到激励,利润总额会增加。[25] 白让让(2016)以日资车企为研究对象对纵向整合的合谋问题进行了分析,得出日资纵向关联企业之间的内部交易具有因合谋而产生的反竞争危害。[26]

现有的研究对产业链理论进行了全面、系统的分析与梳理,研究的对象充分,研究的领域丰富,既涉及农业、物流产业、汽车产业、光伏产业、通信产业等,也涉及战略新兴产业等;研究的内容涉及概念的研究、运行机制的研究、发展动力的研究、存在问题的研究等;研究的方法也较为多元,涉及多学科、多领域,为本研究的开展提供了充分的理论视野与方法体系。当然,目前从产业链的角度对体育领域所展开的研究还不够深入,对体育用品制造业的全球价值链、体育赛事的全球价值链、职业体育的产业链等虽有所涉及,但尚不够深入,且在研究方法上也未能很好地深入,未能将其他学科成熟的方法引入体育产业链的研究中来,这也是本研究的努力方向。

1.3.2 体育赛事媒体版权的相关研究

1. 体育赛事媒体版权研究的文献选择与基本分布

根据相关学者和专家的交流,本研究所探讨的媒体版权包括传统的电视转播权、新兴的新媒体版权、全媒体版权等研究范畴,因此在进行相关研究文献梳理的过程中,从相关词语进行多维度的检索。本研究对 CNKI 中国期刊全文数据库进行的高级检索,设定检索条件为"主题:'体育赛事媒体版权'或者'体育赛事传播权'或者'体育赛事转播权'或者'体育赛事版权'",并设定期刊年限为"从不限年到 2018 年",来源类别为"核心期刊、CSSCI、CSCD"。在删去部分无意义的数据后,共得到 187 篇主题相关文献作为研究对象,并通过 CiteSpace 进行转码,形成最终的样本数据。本研究检索主题核心相关文献 187 篇,主要分布于《武汉体育学院学报》《新闻战线》《体育文化导刊》《电视研究》《体育科学》等期刊(见表 1-2)。

表 1-2　体育赛事媒体版权相关重点研究文献前十期刊发文的分布

序　号	期刊名称	发文数量/篇
1	《武汉体育学院学报》	18
2	《新闻战线》	18
3	《体育文化导刊》	16
4	《电视研究》	12
5	《体育科学》	12
6	《西安体育学院学报》	11
7	《天津体育学院学报》	10
8	《北京体育大学学报》	6
9	《知识产权》	6
10	《成都体育学院学报》	5

(1)体育赛事媒体版权研究的时间分布

从研究文献的数量分布来看,有关体育赛事媒体版权的研究呈现增长的态势,尤其是 2015—2018 年的研究文献数量出现了爆发式的增长。从 2010—2014 年期间每年 10 篇左右,跃升到 2015—2018 年期间每年 25 篇左右,这与 2014 年国务院以国发〔2014〕46 号下发的《关于加快发展体育产业促进体育消费的若干意见》不无关系。该文件的出台可以说是体育产业发展的新元年,在政策的释放下资本市场异常活跃,引发了体育赛事媒体版权市场的火爆,自然也引发了研究人员的关注。同时反映出研究人员在体育赛事媒体版权领域"问题导向"紧随时代的取向。

1998—2018 年体育赛事媒体版权研究的核心文献分布见图 1-2。

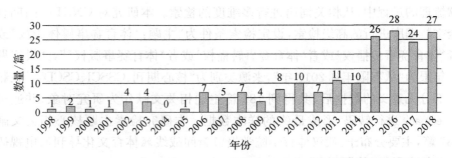

图 1-2　1998—2018 年体育赛事媒体版权研究的核心文献分布

（2）体育赛事媒体版权研究的单位分布

根据本研究样本文献的分析,体育赛事媒体版权的研究形成了一定的研究格局,对本领域关注较多的单位包括南京体育学院、中国矿业大学体育学院、南京师范大学、安徽大学体育军事教研部、上海政法学院、集美大学体育学院等单位(见图 1-3)。相关单位也形成了一定的研究聚焦领域,例如,南京体育学院、南京师范大学、安徽大学体育军事教研部等更加聚焦于体育赛事媒体版权的实务性研究,关注媒体版权的运行、运营维度的研究,包括赛事媒体版权的购销、赛事媒体版权的节目制作及市场开发、赛事媒体版权的运营困境、赛事节目传播的特征,等等;中国矿业大学体育学院、上海政法学院、中央财经大学等则更加注重体育赛事媒体版权的法理研究,依托其学科优势对体育赛事媒体版权的法律属性、产权保护、市场秩序、中外赛事媒体版权(转播权)等进行了探讨。而其他一些传媒类院校和体育类院校也基于原有的科研基础和科研力量展开了诸多的探索,在全国形成了若干个关于体育赛事媒体版权研究的区域中心。

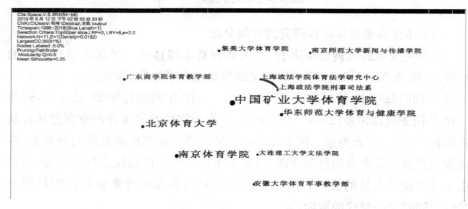

1-3　体育赛事媒体版权研究的单位分布

（3）体育赛事媒体版权研究的焦点时序分布

在 CiteSpace 分析中，时间线图谱和时区图谱是反映不同的时间内相关研究的关注点和研究中心。从图 1－4、图 1－5 中，我们能够看到对体育媒体版权研究主题的时间及时区分布情况。2000 年以后，体育赛事品牌与体育传媒的关系研究成为研究的重点，并一直延续到 2016 年前后；关于电视和体育比赛的相关研究聚焦期从 1998 年持续到 2015 年前后；而对电视转播权开发的研究则从最初聚焦到 2012 年前后，其中关于奥运会赛事转播权的开发研究是学界较为关注的案例；2012 年以后，对新媒体体育赛事媒体版权的相关研究开始成为学界聚焦的热点，并逐渐替代体育电视转播权的研究。

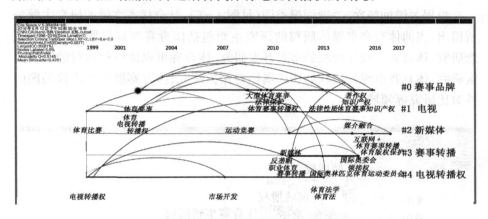

1－4 体育赛事媒体版权研究的时间线图谱

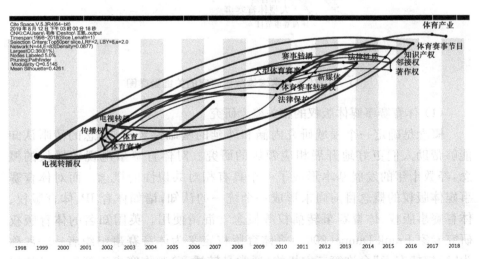

1－5 体育赛事媒体版权研究的时区图谱

同时通过时间轴的分析,我们能够看出每逢世界杯或奥运会这类国际超大影响力赛事的前后,体育赛事媒体版权(转播权)的法律保护就会成为一个周期性的研究热点。从研究的时区图和时间图中,我们能够看到体育赛事媒体版权相关研究的领域在不断地拓展,由最初主要聚焦于电视转播权的单一维度,逐渐发展为近些年对体育赛事知识产权、体育赛事版权的运作(节目)、体育产业关联研究、体育赛事媒体版权法律保护、体育赛事媒体版权的互联网研究等多维度、多视角的研究格局。

2. 体育赛事媒体版权研究的重点内容分析

根据关键词频次、关键词聚类图(见图 1−6),结合样本文献的研究主题分析得出,当前体育赛事媒体版权的研究主要包括体育赛事媒体版权的相关概念研究、体育赛事媒体版权的市场开发研究、体育赛事媒体版权运行的影响因素研究、体育赛事媒体版权的法律属性与保护研究、体育赛事媒体版权的国内外对比研究等领域。

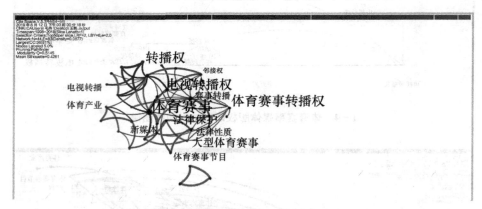

1−6　体育赛事媒体版权研究的关键聚类图

(1)体育赛事媒体版权的相关概念研究

概念是确定一个领域研究内涵和外延的基础性环节,概念的清晰认知能够帮助人们更好地开展相应领域的研究。对体育赛事电视转播权的概念,经数十年的发展基本形成了一个具有相对共识性的概念。而对体育赛事媒体版权的概念目前尚未形成一个统一的认知,诸如体育 IP、体育版权、体育赛事版权、体育赛事转播权等概念常混淆使用。英国知名的体育版权研究专家 Frank Dunne(2009)将体育版权定义为体育赛事组织者——常称为"版权持有者"允许第三方机构(通常是转播商)制作赛事视频等记录的权利。安福秀等(2014)[27]、李颖(2016)[28]、王志学等(2017)[29]等学者在其研究中对相关概念进行了一定的梳理,但在论述中对体育版权、体育赛事版权、体育赛事转播权等并没有做出明确的区分。而这些概念无论从字面上、法理上还是实践中都存在着一定的不同:从外延来看,体育版权不仅包括体育赛事版权,还包括体育企业、俱乐部、各种体育产品与服务等版权内容;体育赛事版权不仅包括电视转播权,还包括赛事组织自身的授权与禁止的其他权利。

林小爱、刘丹(2018)认为,体育赛事版权包括体育赛事组织自身享有并执行的版权权利和授权对象的赛事版权权利,前者包括赛事的新闻发布、自主媒体运营权、赛事信息开发权及禁止权、相关赛事数据使用权和其他比赛权利;后者是指获得授权机构的权利,包括独家直播、点播和转播权,转播信号的分销权,体育赛事新闻报道权,体育赛事标志,荣誉称号以及无形资产的使用权,体育赛事网络视频广告招商的开发权、收益权,以及其他与版权相关的权利。[30]毕雪梅(2014)指出:"体育赛事版权重在媒体转播权。"[31]唐红斌、朱艳(2018)[32]等使用了"体育赛事媒体版权"的用法。王凯(2019)在对体育版权、体育赛事版权、体育赛事媒体版权进行辨析的基础上认为,体育赛事媒体版权又可称为赛事的传播权,是指赛事主办方所拥有的,可以通过交易授权给媒体机构、传媒中介等组织,由相应机构借助照相机、摄像机等信息采集设备,将一系列图像固定在载体上,并可借助一定仪器、设备放映或以其他方式传播的作品享有的合法权利,其实质是一种包含知识产权在内的"信号传输权"。他同时指出体育版权的外延大于体育赛事版权,体育赛事版权的外延大于体育赛事媒体版权。[33]

(2) 体育赛事媒体版权的市场开发研究

体育赛事媒体版权的市场开发研究主要包括基于体育赛事组织角度的媒体版权开发和体育媒介角度的版权资源的利用。本文所指的体育赛事组织主要是指体育赛事媒体版权的所有权方,比如,国际奥委会是夏季奥运会、冬季奥运会等赛事的所有权方;FIFA是足球世界杯等赛事的所有权组织。对于体育组织来说,赛事媒体版权收益是其重要的盈利来源,对赛事组织的生存与发展具有重要的价值。

邱大卫(2003)指出,电视转播权费用增长惊人,在体育组织收入中的地位不断提升的同时,甚至导致了电视台的赔本倒闭;出现了体育机构自行建立电视台,互联网开始介入体育赛事转播权等新趋势。[34]李新文(2016)在梳理美国体育赛事电视转播权开发萌芽期、快速发展期、繁荣期三大发展阶段的基础上,总结了美国体育组织在媒体版权销售中的经验,包括整体出售,提升组织议价能力；拓展传播渠道，实现多元传播；重视立法保护等。[35]张征（2017）认为，应打造精品体育赛事，打破市场垄断，合理定价体育赛事转播权，整合人才资源，促进体育赛事转播市场的发展。[36]体育赛事媒体版权的媒介开发对体育媒介具有重要的意义，关系到购买版权的变现、受众用户的积累、媒介品牌的形成。周小丹（2016），张暄（2017），刘潇蔚、范海潮（2018），杜屹然、马瑞龙（2019）等对体育赛事媒体版权的运作进行了不同维度的分析，认为多元化的会员付费方式、明星资源的多元开发、独播＋分销等版权运作的探索、用户互动的流量资源开发、跨界运营、全覆盖开发体育游戏、打造自主赛事 IP、多场景的体验性设计与呈现等是新媒体环境下体育媒体版权开拓的新探索。

（3）体育赛事媒体版权运行的影响因素研究

体育赛事媒体版权运行的影响因素是关系着体育赛事及其组织和体育媒介发展的重要内容，也是学界关注的一个重要领域。张立等（1999）指出，我国社会经济水平不高，赛事转播市场法律和经济的关系不清晰，体育体制和传媒体制限制，中介机构不健全，市场认知不完善等是制约体育赛事转播权运行的因素。[37]王平远（2010）依据福利经济学和博弈论建立了模型进行深入探讨，提出应走上游体育赛事承办方与下游电视媒体联合的道路，不仅可以减少反垄断至福利最大化时的反垄断成本，还能增加体育赛事承办方的收益。[38]蔡祥雨等（2015）以美国 NBA 赛事媒体运营为参照分析认为，在赛事品牌的打造、赛事版权运营的内部构建及市场体系的完善等方面存在的不足，成为制约我国体育赛事媒体版权运行的重要因素。[39]孔庆波（2014）以购买需求为切入点，分析了我国体育赛事媒体版权运营的主要"冲击性因素"：国内市场压力、赛事品质低、服务不周以及技术拙劣等。[40]李劼（2016）指出，在赛事媒体版权运营过程中评估环节的价值预判，确权环节的权属划界，授权环节的产出高效，维权环节的定纷止争是影响赛事版权平稳运营的关键因素。[41]唐红斌、朱艳（2018）认为，现行立法的模糊性界定导致实务环节的操作性困境，致使利益衡量原则在体育赛事媒体版权运营中的作用体现不足。同时，新媒体发展背景下经营理念的滞后、节目制作创新不足、市场把握不准、付费等经营模式的评估机制不健全等，导致了各方利益的失衡。[32]王凯（2019）基于产业链理论的视角指出，我国体育赛事媒体版权运行中的中、宏观影响因素，产业链较短且内涵不足，产业链运行中供需失衡，产业链运行水平低、国际化不足，体育赛事媒体版权贸易赤字严重、话语权缺失，存在资本运作乱象等。[33]

　　（4）体育赛事媒体版权的法律属性与保护研究

　　体育赛事媒体版权的有效开发是大型体育赛事商业化的关键，是体育赛事产业和体育传媒产业健康、互助发展的前提，而完善的法律体系和产权保护是体育赛事媒体版权有效开发的保障，同样也是研究的热点，尤其是在新媒体环境下，体育赛事媒体版权的保护与法治研究更是成为研究的热点话题。

　　很多学者都从不同的角度去探究电视转播权。胡乔（2011），于晗、金雪涛（2013）指出，我国电视赛事转播市场发育缓慢、制度不健全，电视转播权存在法律性质及产权归属认识不清、市场化程度低及中介机构不健全等问题，提出只有明确了电视转播权的法律性质和权利归属才能更加合理、有效地开发和利用。[42][43]李金宝（2015）分析了体育赛事媒体版权归属著作权、无形产权、广播组织权、广义合同权等存在的法律困境，并对其原因进行了梳理[44]。张玉超（2013）、欧阳爱辉（2017）等均认为体育赛事转播权分为"直播权意义上"的转播权（赛场准入权）——体育组织拥有的权利，属于商品化权，《合同法》对其具有保护效力；"字面意义上的转播权"——媒体享有的广播组织权，接受《著作权法》和《信息网络转播保护条例》等法律法规保护。[45][46]何培育、蒋启蒙（2017）提出，明晰体育赛事节目的作品属性，扩大解释广播组织者转播权，明确体育赛事转播权的法律地位等提高体育赛事媒体相关版权的保护。[47]张玉超（2018）基于新媒体语境对体育赛事转播权的法律性质进行了"新的二分"，认为根据赛事项目类型，对抗性体育赛事项目纳入商品化权保护，艺术性体育赛事项目纳入著作权保护，同时指出体育赛事节目权利主体归属于获得授权的新媒体转播机构。[48]吴雨辉（2018）、张志伟（2013）指出，应从权属、分配、垄断和公益四大方面进行全面的版权保护。[49][50]

　　（5）体育赛事媒体版权的国内外对比研究

　　对比研究是各领域常用的研究方法。在体育赛事媒体版权领域，国外发达国家的发展也先于我国，有着诸多经验和教训，很多学者也较为关注对国外相关领域的引介。石磊、张立（1999）较早对美国（北美）、英国、意大利、德国、法国、西班牙（欧洲）、阿根廷（南美）、日本（亚洲）等国家的电视转播权销售及开发问题进行了梳理，发现在电视转播权的经营与销售过程中，体育组织已经采取了不同的模式和经营策略，并有着不同的利益分配原则。[51]齐朝勇（2006）对中美体育赛事转播权的交易情况、交易方式（如广告置换、当面磋商、竞标等）、运作方式、收入分配等进行了对比分析。[52]姜熙、谭小勇（2011）分析了美国职业体育转播权出售的经典案例，揭示了美国职业体育在赛事媒体版权销售中的反托拉斯政策及其对美国职业体育发展的积极影响,提出了我国职业体育赛事转播市场特殊竞争机制的诉求。[53]李新文(2016)从美国职业体育赛事、英超联赛电视转播权的开发特点以及经验的角度,对比当前我国电视转播权的开发现状,提出要打破垄断拓展电视转播渠道平台多元化,制定专门的法律,构建电视传媒在渠道上的多样化、内容生产平台化、媒介和大众互动化等的立体传播体系,才是全媒体时代突破困境的关键一步。[35]向会英(2019)介绍了不同国家体育媒体版权的不同称谓:美国通常用 sport TV right、sport broad-casting rights 来表述,英国、德国、法国用 mediarights,葡萄牙用 broadcastingrights,在介绍美、英、德、法、意、西班牙、葡萄牙等国家职业体育赛事转播权的属性、所有权与法律保护以及市场的法律调整的基础上,提出我国职业体育赛事转播权的法定权利地位和新型财产权与邻接权的复合权利属性倾向,明确了俱乐部的赛事转播权所有权人地位,指出集中销售和单独销售结合是当下较为适合的方式,同时应考虑公众利益和市场利益的平衡。[54]

3. 体育赛事媒体版权的研究述评与趋势展望

(1)研究述评

现有的研究对体育赛事媒体版权(赛事转播权)进行了较多维度的研究,促进了体育理论研究的发展。但总体来看,体育赛事媒体版权相关概念的界定尚未形成统一的状态,诸多学者习惯于用传统的思维去考虑当下体育赛事媒体版权的定义,而忽略新媒体对赛事媒体传播市场所带来的深刻影响,对其内涵与外延的变化未能及时、有效地融入相关概念中,也在一定程度上造成了研究的准确性不足,影响着相关领域研究的准度和深度。

面向体育赛事媒体版权开发的研究较多,主要包括基于体育赛事组织和针对体育媒体两个维度。在体育赛事组织层面,学者们从组织对赛事品牌的打造、赛事自身的营销、赛事媒体版权的集中与单一销售、赛事媒体版权交易的方式、赛事媒体版权的自我开发、自办媒体等维度进行了探讨。在体育媒体维度针对赛事媒体版权的获取、交易方式,围绕赛事媒体版权的节目制作、衍生品开发,新媒体语境下的体育赛事媒体版权运作,体育赛事媒体版权运作特征等进行了研究,但总体来看更多的还是聚焦于要素和点的研究,运作中的产业化思维存在一定的不足。对体育赛事产业和体育传媒产业规律的把握还有待于进一步提升,尤其是对根植于本土语境的扎根研究不足。体育赛事媒体版权运营的影响因素的研究视角较为宽泛,但大多停留于宏观层面,而并没有从媒体的人才结构与赛事版权运营的关系、运营模式与消费者需求的契合程度等更加细化的角度着手。而对体育赛事媒体版权的法律保护和国际对比研究更多的是重视对国外经验的引介,对国内体育赛事媒体版权身处的实践场域、法制场域、传媒特性、赛事组织特性等对接性、深入性、本土化的研究还有待于进一步提升。

同时,体育赛事媒体版权研究的产业思维融入、社会公益思维融入得还不够,体育赛事媒体版权具有经济性与公共性的双重价值。通过赛事媒体版权的传播、开发能够营造体育文化氛围,提升居民体育意识,培养居民体育行为,壮大体育消费市场,进而促进体育产业发展;此外,还能够促进人们身心健康发展以及全民健身等国家战略的落实,因此具有较强的公共属性。这在英国、法国等一些发达国家的相关法律中也有所体现。体育赛事媒体版权市场作为经济领域的内容,遵循产业运作规律,在研究中应更多地关注其经济特征,研究其经济规律,引入产业理念和手段。

（2）研究趋势展望

本部分对体育赛事媒体版权研究的趋势展望主要基于 CiteSpace 可视化视图的时区图谱（见图 1-5）和相关领域的研究梳理、实践领域的观察等得出。

① 新媒体语境下体育赛事媒体版权（转播权）概念的深度研究。新媒体的发展、自媒体的便利、智媒体的革新,对体育赛事媒体版权产生了深远的影响,体育赛事媒体版权传播的方式、传播的主体（潜在的主体）、传播的平台、传播的内容、生产的方式等都发生了剧烈的变化。传统的电视转播权概念（赛事转播权）等已经涵盖新媒体语境下相应版权的内容,带来了学术研究、法律保护、实践操作等多维度的困境,相关概念的探索仍然是未来一段时期内研究的重要内容。

② 新时代体育赛事媒体与体育赛事组织的生态关系研究。时代的发展,各种新兴消费产品的产生,娱乐性替代产品的丰富,用户消费习惯的变化,传媒接收方式的改变等给体育赛事组织和体育传媒都带来了前所未有的冲击。诸多体育赛事和体育传媒都面临观众流失、老龄化的问题,部分媒体的垄断性心态和新媒体所带来的技术便捷性为体育赛事组织带来了自建传播平台的便利。而体育传媒的传播力又为其向多元化发展带来可能,体育赛事媒体版权价格的高昂给媒体带来了经营压力。这些都促使人们对传媒与赛事关系的重新深思,二者的新型生态关系将会是重要的研究领域。

③ 体育赛事媒体版权采购、运行的效益评估研究。在政策的释放下,我

国体育赛事媒体版权市场经历了一个狂热的时期,而目前资本已经逐渐地回归理性。狂热带来了诸多的弊端,也留下了诸多的隐患,业界已经在对前期决策和后续决策做着重新的考虑,而学界理应面向实践、面向问题、引领实务,要能够帮助实践领域解决赛事媒体版权的经营效益评价问题,未来体育赛事媒体版权的采购价值评估、经营价值评估,以及特定节目的赞助价值评估等将会是值得探讨的内容。

④ 新媒体语境下体育赛事媒体版权运行研究。新媒体的发展颠覆了传统体育赛事的传播方式和公众的媒体使用方式,但对于体育赛事组织来说则带来了体育赛事媒体版权类型的丰富。销售对象的丰富;对于体育传媒来说,受众的使用习惯更加丰富多元,受众的注意力资源更加松散,受众的媒介使用参与程度、互动程度更加突出,各种新技术更加丰富,对赛事媒体版权的内容制作、传播方式、互动设计、场景营造、衍生品开发、用户生产、商业模式等等都造成了巨大影响,鉴于此,新媒体语境下体育赛事媒体版权的运行将会成为未来一段时期内常态化的研究内容。

⑤ 体育赛事媒体版权运行的产业思维与利益关系研究。进入了新媒体时代,更多学者开始从全媒体语境的角度对赛事媒体版权的运营进行研究。新媒体之于体育赛事转播是一把双刃剑,新媒体购买版权后的运营模式问题、全产业链开发视角下新媒体环境的贡献、网络版权保护等应成为之后关注的焦点。基于政策环境的转向,体育赛事市场、赛事媒体版权发生了裂变,在保证公益属性的同时,应更多地融入产业思维,赛事媒体版权市场的经济特性及产业规律将成为未来时期的研究内容。同时基于环境的变化,关联主体日益复杂,产权归属需要明晰,法治体系需要完善,利益关系需要厘清,这些都将直接影响相应主体的利益,影响整个产业的发展。

⑥ 体育赛事媒体版权"法制""法治"与监管制度研究。近些年随着新传媒技术的革新,各种媒介产品的创新,实况网络视频与比赛电视广播、实况网络音频与比赛直播视频流、体育赛事短视频剪辑、赛事花絮集锦等已经成为新的传播内容,且传播广泛,正在对传统的媒体形式及版权形式产生系列的影响。同时,新兴技术也带来各种盗播现象的泛滥,对体育赛事媒体版权的所有方、购买方等造成诸多的损失,也损害了整个行业的健康有序发展,体育赛事媒体版权的"法制""法治"建设将继续是研究的热点。

1.4 研究的重点难点、主要观点和创新点

1.4.1 重点难点

1. 研究重点

本书研究的重点包括以下内容：我国体育赛事媒体版权运行产业链的识别与构建；体育赛事媒体版权运行的商业模式与选择；我国体育赛事媒体版权运行的模式、诊断与优化；体育赛事媒体版权的获得方式及其弊端；我国体育赛事媒体版权的运行状态、症结与应对；国外知名体育媒体体育赛事媒体版权运行的经验与启示；体育赛事媒体版权运行产业链的治理，构建体育赛事媒体版权的有效运行体系，结合媒体特征分析其"前向延伸""中游拓展"和"下游开发"的可能领域、做法以及运行机制。

2. 研究难点

本书研究的难点在于，我国体育赛事媒体版权运行产业链的识别与构建。本研究中提出了在赛事版权获得时可以采取合作博弈的联合购买方式，而合作博弈的联合购买需要各方的合作意愿。机制的探讨需要对市场主体进行深入分析，而目前有些媒介主体的意愿获知相对困难，给机制探寻带来一定困难。当前媒体（机构）赛事版权交易中的具体细节一般不公开，这给赛事媒体版权的具体交易权益分析和后续的下游品牌开发持有资源分析带来了障碍，课题组将通过多种渠道予以克服。

1.4.2 主要观点

① 2015 年以来，体育传媒界上演了一出出的版权大戏，体育赛事媒体版权交易频繁。对于我国的体育传媒产业发展来说，版权意识的崛起、实践的增多、版权竞争的激烈、资本的追捧反映出产业发展的热度，不得不说是一件幸事。然而这种"热"带来了媒体赛事版权购置成本的急速飙涨，而经营端的变现能力和手段还比较弱，体育赛事媒体版权的商业模式还不够成熟，影响着体

育产业的良性发展。

② 国内体育赛事相关市场主体对国际优质体育赛事版权资源具有较为狂热的需求,不断推高着各类优质国际体育赛事的版权价格,在获得赛事版权的内部竞争中无形地提升了赛事版权主体的话语权,造成了版权资源获得的成本高企,从行业和行动人个体长远发展来看,都有着一些不利影响,而产生这一结果的根本原因在于资本狂热的非合作博弈。这种做法严重挫伤了我国体育赛事媒体版权市场的健康发展。我国体育赛事媒体版权的运行模式主要有以乐视体育、苏宁体育为代表的全版权模式;以腾讯为代表的深耕模式;以体奥动力、新英体育等为代表的分销模式和其他综合形式,但商业模式普遍还存在较大的不足。

③ 产业链理论对我国体育赛事媒体版权的运行具有较好的参考价值。我国体育赛事媒体版权运行要突破"点"的考虑,应该从产业链理论的维度宏观、系统地分析我国当前体育赛事媒体版权运行的现状和可能性。我国体育赛事媒体版权的运行存在着产业链严重不完整的问题,制约了产权的表现和版权购买主体收益的获得,影响版权市场的健康发展。

④ 从产业链上游来看,赛事的版权可以通过"组织间合作"和"自主 IP"培育等方式来降低前端成本。"组织间合作"包括:与赛事组织合作和作为赛事举办合作伙伴或入股赛事公司;在赛事购买的过程中采用"合作博弈"的联合购买方式。"自主 IP 培育"是媒体在充分的市场调查和自身能力分析的基础上选择合适的赛事进行自主培育,打造自主品牌,并探索各种方式的运行机制。

⑤ 从产业链中游来看,我国体育媒体在购置赛事媒体版权以后的主要经营做法存在诸多不足。比如,重版权购买而轻版权运营,版权运营的逻辑存在一定的缺陷——首先着眼的是垄断卡位,而不是自身运营能力,最具代表性的就是乐视体育;在节目的设计、内容的选择、传播的技巧、盈利模式、营销方式、大数据、全媒体等方面都有着极大的提升空间。

⑥ 从产业链下游来看,在获得体育赛事媒体版权的情况下,媒体能够获得赛事品牌或其他无形资产的使用权,基于此,媒体可以围绕赛事版权进行品牌延伸开发,如开发下游赛事主题的电影、电视剧、游戏、特许经营产品,与电商结合进行关联产品销售,等等。

1.4.3 创新点

1. 理论创新

在研究中将产业链理论引入体育赛事媒体版权运营中来,预期初步探索构建我国赛事媒体版权产业生态链模型,丰富相应理论体系,拓展体育赛事版权研究的视野。

2. 观点创新

在版权获取方式上提出了基于合作博弈的联合采购、合作办赛模式和基于自组织理论的自主培育路径,拓宽了赛事版权的获取渠道,降低了版权运行的成本。

3. 体系创新

将赛事媒体版权置于产业生态链的维度,使得研究更具体系性,能够较为系统地构建体育赛事媒体版权的运行体系,为快速发展阶段的赛事版权行业提供参考。

1.5 研究思路与研究方法

1.5.1 研究思路与技术路线

本课题的基本思路是在对体育赛事媒体版权的特征、价值源泉、价值实现方式、产业链理论等基本理论进行梳理的基础上,结合体育赛事产业和媒体产业的特征构建出赛事媒体版权的产业生态链。基于产业链分析当前我国媒体赛事版权的运行状态,在状态描述、特征分析、困境探索、原因窥视的基础上探寻我国媒体体育赛事版权运行"前向延伸""中游拓展"和"下游开发"的可能领域、做法以及运行机制(具体见图 1-7)。

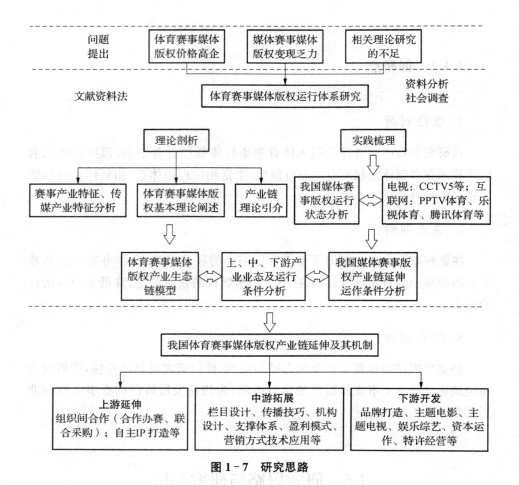

图 1-7　研究思路

1.5.2　研究方法

1. 文献资料法

通过中国知网、EBSCOhost 等中英文数据库以体育版权、体育赛事版权、体育电视转播权、产业链、价值链等为检索词检索相关研究文献，通过南京图书馆、超星图书阅览器等搜集体育版权、媒体版权等著作进行阅读，为研究奠定理论基础。

2. 案例研究法

搜集腾讯体育、乐视体育、PPTV 体育、CCTV5、东方体育等体育媒体,分析其体育赛事媒体版权的运行状态,包括对赛事的获得方式和交易方式、赛事版权获取后的运作情况等展开分析,为研究提供较为客观的一手资料。

3. 专家访谈法

寻找体育媒体、学界专家等围绕我国体育赛事媒体版权的运作情况与困境、产业链延伸的可能领域和运行机制、产业链延伸的基本条件等进行访谈,为本研究赛事媒体版权的全产业链运行机制的建立提供专家支持。

4. 对比研究法

通过对国内外体育赛事媒体版权运行较好的媒体进行对比分析,如ESPN、ESM(欧洲体育媒体联盟)等,提炼共性,结合我国媒体赛事版权运行的总体环境,构建我国体育赛事媒体版权的产业链,为媒体赛事版权的运行提供参考。

第 2 章　概念辨析与理论梳理

2.1　相关概念辨析

2.1.1　版权、体育赛事版权与体育赛事媒体版权

伴随着我国体育产业市场的火爆,体育版权的重要性愈发引起业界和学界的热议,作为产业头部资源的赛事版权更是成为关注的焦点,但业界和学界对体育领域版权的概念还存在着一些混淆,概念是我们认识一个领域的钥匙,对此我们有必要进行辨析。版权是知识产权的一种类型,在我国版权又称为著作权,是指文学、艺术和科学等方面的作品的创作者或其作品的出版者依法享有的权利,包括占有、处理和使用自己的作品。版权由精神权利和经济权利组成。精神权利即人身权,是指作者的署名权、作品发表权、修改权以及保护作品完整和反对他人歪曲篡改的权利;财产权利是指以出版、复制、广播、录音、改编、翻译、公开表演、信息网络传输、展览、发行和摄制电影电视等形式使用作品并获得经济收益的权利。版权通常是一种无形的权利,但是往往能够通过有形物来呈现。

安福秀等(2014)[27]、李颖(2016)[28]、王志学等(2017)[29]等学者虽然在其研究中对相关概念进行了一定的梳理,但在论述中对体育版权、体育赛事版权、体育赛事转播权等并没有做出明确的区分。而这些概念无论从字面上、法理上还是实践中都存在着一定的不同:从外延来看,体育版权不仅包括体育赛事版权,还包括体育企业、俱乐部、各种体育产品与服务等版权内容;体育赛事版权不仅包括电视转播权,还包括赛事组织自身的授权与禁止的其他权利。林小爱、刘丹(2018)认为,体育赛事版权包括体育赛事组织自身享有并

执行的版权权利和授权对象的赛事版权权利,前者包括赛事的新闻发布、自主媒体的运营权、赛事信息的开发权与禁止权、相关赛事数据的使用权和其他比赛权利;后者是指获得授权机构的权利,包括独家直播、点播和转播权,转播信号的分销权,体育赛事新闻报道权,体育赛事标志、荣誉称号以及无形资产的使用权,体育赛事网络视频广告招商的开发权、收益权,以及其他与版权相关的权利。[30]毕雪梅(2014)指出:"体育赛事版权重在媒体转播权。"[31]王志学等(2017)[29],唐红斌、朱艳(2018)[32]等使用了"体育赛事媒体版权"的用法。

　　笔者比较认同"体育赛事媒体版权"这一概念,它更加准确地反映了体育赛事转播权市场的内涵和外延。互联网媒体出现以前,体育赛事版权主要是指体育赛事电视转播权(Sport Event Broadcasting Rights),现在称为体育赛事媒体版权(Sport Event Media Rights)。根据已有的研究和对相关概念的梳理,本文认为,体育赛事媒体版权是指体育赛事组织(版权所有者)为获得经济收益和赛事影响力的提升,通过交易的方式允许被受让组织(通常包括传统的电台、电视台、网络媒体、媒介公司等)对体育赛事进行直播的录制、传播。邻接权的再开发衍生出更多类型的传媒内容产品和传播渠道,如新闻报道、赛事集锦、付费点播的全程转播、射门集锦、衍生节目开发及版权的直接分销和衍生版权产品分销的权利等。这一概念将赛事组织自主的授权、赛事信息的开发权与禁止权、相关赛事数据的使用权等排除在外,更准确地指向了体育媒体主体,符合 2014 年 10 月颁布的国发〔2014〕46 号文件中"放宽赛事转播权限制"的媒体版权概念。

　　通过实践和学术概念的梳理,笔者总结相关概念认为,体育赛事媒体版权是体育赛事版权的一种类型,体育赛事版权是体育版权的一个重要内容,体育版权是一种知识产权(见图 2-1)。

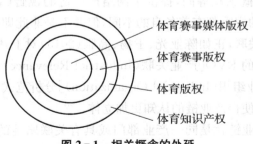

图 2-1　相关概念的外延

2.1.2　产业链与体育赛事媒体版权产业链

产业链是我国学者于 20 世纪八九十年代在研究农业产业化问题中所提出的一个概念。在中国知网上，以产业链为检索词进行题名检索得到了 12 962 条检索结果(截至 2018 年 2 月 6 日)，被广泛应用于农业、制造业、文化创意产业、高科技行业等各个领域。尽管应用得较为广泛，但对这一概念的认知并没有形成较为统一的界定。亚当·斯密关于分工的著名论断是产业链理论产生的思想来源，这一时期的分工强调企业内部的分工。马歇尔将分工扩展到企业与企业之间，成为产业链理论的真正起源。

刘贵富、赵英才(2006)认为，产业链是同一产业或不同产业的企业之间，以投入产出为分析主线，以用户需求驱动为动力，以价值增值和实现为目标，依据特定逻辑联系和时空布局形成的上下关联的、动态的链式中间组织，往往包括供应商、制造商、分销商、消费者等几大环节。[5]吴金明、邵昶(2006)等认为，产业链是由供需链、企业链、空间链和价值链四个维度有机组合而形成的链条。[6]尽管对此概念众说纷纭，但基本形成了一定的普遍性认识。一是产业内部说，认为产业链是企业在产品或服务生产与供给的过程中形成的技术、经济等关联关系，这种关系包括企业内部和产业领域的企业之间，内部和外部均按照生产业务流程等次序实现链接，形成一种链式结构；二是产业供应链说，从供应链的角度界定产业链，认为产业链是以产品或服务为核心，涉及供应商、分销商、消费者等关联主体，伴随着资金流、物质流、信息流等的纵向关联集合；三是产业价值链说，将产业链等同于价值链，认为产业链就是企业(产业)产品或服务生产与供给的过程中价值转移与价值增值的过程，涉及供给、生产、销售、消费等各个环节；四是企业战略联盟说，将产业链与产业集群、企业联盟等概念相等同，提供了网络产业链的视野(袁艳平，2012)[55]。尽管这四种论述的视野都有着各自的不同，但并不是非此即彼的关系，这四种认知有着内部的关联，正如陈亚光、王扬、高雅(2015)对上述认知所进行的整合，提出了产业链的 RVO［产业关联(Industrial Relevance)、价值分布(Value Distribution)、产业组织(Industrial Organization)］分析范式，综合了以上各种研究视野的内容，使得产业链的认知更加立体。[56]

综合来说，产业链就是同一产业部门或具有关联属性的不同产业部门某一行业的企业和企业之间在资金流、物质流、信息流、价值流等作用下，以产品或服务的生产、供给、消费为纽带，基于一定的时空关系和逻辑关系，组成的具有价值增值功能的网状链式企业战略联盟,既包括上游、中游、下游等各环节,也包括各环节的横向延展。

借用以上的概念分析,笔者认为,体育赛事媒体版权产业链就是体育传媒(媒体公司)以赛事版权为核心所展开的,围绕赛事版权采购(培育)、媒介产品或服务生产、衍生产品开发、消费者消费等各环节的主线,具有相对竞争力的媒介企业为实现版权变现和价值增值所形成的纵横联盟关系。上游包括各类赛事的所有者、运营者;中游主要包括各类体育传媒(制作主体、播出主体、开发主体);下游主要包括消费者、衍生产品生产主体等。正如迈克尔·波特所指出的那样,当下的竞争已经不是单个企业的竞争,而是一个产业的综合竞争,产业链运营的视野是提升产业竞争力的重要手段,当然,对于方兴未艾而又问题重重的体育传媒产业来说,也应该以产业链的思维来提升竞争力。

2.2 体育赛事媒体版权的经济特征分析

2.2.1 体育赛事媒体版权具有唯一性与分销性

唯一性也即排他性,在经济学中是指一类物品或财产归属于特定的消费者或消费群体后对其所享有的独占性及拥有与控制的权利,形成对其他消费者与消费群体对该物品或财产的利益排斥。体育赛事媒体版权具有突出的排他性特征,这种排他性体现在时空的二维上,比如,国际性知名体育赛事媒体版权只能销售给一国(地区)的特定媒体(机构),如 2015 年腾讯拿下了 NBA 2015—2020 赛季大陆地区独家网络播放权;2019 年腾讯拿下了"NBA 中国数字媒体独家官方合作伙伴",时间为 2020—2025 年。在时间上和空间上反映出独家性,体现出排他的特点。NBA 将版权销售给了腾讯就不可以再销售给其他媒体(机构)。近年来苏宁 PP 体育相继拿下了中超和亚足联、德甲(2018—2023 赛季)、法甲(2018—2021 赛季)和欧冠(2018—2021 赛季)的大陆地区独家媒体版权及英超(2019—2021 赛季)在中国大陆与澳门地区的独家媒体版权,均体现了独家与排他的特征。

独家和排他强调赛事媒体版权所有权的体育组织在与媒体(机构)进行权利销售中的排他性,但当赛事媒体版权确定买家以后,买家对所获得的赛事媒体版权具有支配的权利,其享有在版权区域内的分销权利、运营权利等。版权分销既是其享有的一项权利,也是其提升经营效益、降低运营成本的一种有益的做法。比如,央视在获得2018年俄罗斯世界杯媒体版权以后将其分销给了优酷和咪咕两大新媒体播放平台;体奥动力在获得中超版权后也先后分销给了乐视体育和苏宁体育。

2.2.2 体育赛事媒体版权具有签订合同的长期性

体育赛事媒体版权作为一个产品在交易中具有突出的长期性特点,一般来说,成交的往往是几年甚至更长时间。这种长期性在体育赛事媒体版权领域是指当今世界高水平体育赛事的体育赛事媒体版权已经越来越呈现出"多届捆绑"的销售模式。比如,2010年NBA与新浪体育达成合作,时限5年;2015年和2019年腾讯相继获得NBA的连续合作,两轮均是5年;体奥动力与中超的版权合作从最初的5年续签为10年。大家所熟悉的奥运会在媒体版权销售上也体现出了超长的策略,1995年以前国际奥委会均采取逐届销售的策略,自1995年起逐届销售模式被打破,实施长期销售策略:在1995年便公开销售了2008年北京奥运会的电视转播合同,提前了13年(郭晴,2013)[57]。

体育赛事媒体版权的长期性策略对于体育赛事组织和媒体都有着一定的积极价值。对于体育组织来说,长期性销售能够早早地为赛事组织带来经济收益,同时减少交易频次、降低交易成本,以更好地将精力用于赛事的运行,同时降低未来经济和媒体环境不确定所带来的风险;对于媒介组织来说,长期性媒体版权的获得也能够刺激其进行常态性的投入,以规避短期所带来的短时间下一轮版权易主所造成的投资成本沉没的担忧,能够促进媒体忠诚消费群体的形成,在为媒体带来收益的同时也能够为赛事积累更多的粉丝。

2.2.3 体育赛事媒体版权价值具有累积性与复杂性

体育赛事媒体版权具有较强的累积性,体育赛事媒体版权的价值依赖于多元的因素,是在体育赛事的发展过程中逐渐形成并发展起来的。它在形成和发展的过程中受到体育赛事组织、举办地政府或企业、体育媒体、志愿者、举办地居民等等多元力量投入的影响,是在各主体贡献累积的基础上逐渐形成的。世界上具有较大影响力的赛事其媒体版权价值也相对较高,往往都经历了较长时间的品牌积累,比如,现代奥林匹克运动会拥有 100 多年的历史;足球世界杯自 1930 年第 1 届开始也已经有了 89 年的历史;四大网球公开赛也都有着悠久的历史,澳网始于 1905 年,法网创办于 1891 年,温网创办于 1877 年,美网创办于 1881 年,均有着 100 余年的历史。赛事的品牌价值在历史的长河中积累,其赛事的媒体传播价值也在赛事的发展中不断地累积。

体育赛事媒体版权的价值具有较强的复杂性,时间对于赛事的品牌培育具有重要的意义。但并不是时间越长赛事的传播价值就越高,也并不意味着其媒体版权价值就越高,其还受到赛事的项目、赛事的举办主体、赛事的覆盖区域、赛事以往的传播力、赛事革新的效率等因素的影响。

2.2.4　体育赛事媒体版权具有价值实现的后验性与不确定性

体育赛事媒体版权都是在赛事举办以前进行交易的,如同前文所提到的,有的赛事提前几年甚至十几年就已经将其媒体版权销售出去了,对于媒体来说也就是提前几年甚至十几年购买了赛事的媒体版权,这种提前的做法带来了价值实现的后验性和不确定性。对于媒体来说,体育赛事的媒体版权价值只有在举办赛事并进行版权的运作开发后才能看到效果,是一种提前性的投入。这种提前性对于赛事和媒体来说具有积极的意义,对于赛事主体来说能够提前锁定赛事媒体版权的收益;而对于媒体来说则能够拥有更充分的时间为赛事的传播做各方面的准备。但这种提前的做法也可能会给媒体带来一些如经济环境、政治环境、社会文化等方面的不确定性风险,从而导致赛事媒体版权的成本无法收回。比如,乐视体育在疯狂地跑马圈地以后留下了一地狼藉,诸多版权流失的同时也给赛事带来了损失,乐视体育从体奥动力手中以 13.5 亿元拿下的中超的版权,运营一年的收益只有 5 000 万元,远未收回成本。再如,早些年天盛体育之于英超版权的失败,2007 年天盛体育以 5 000 万美元获得英超 3 年的大陆地区全媒体版权,采取付费模式运行,结果是在自身血本无归以致破产的同时导致英超大陆观众损失了九成。这些案例充分体现了体育赛事媒体版权价值的后验性和不确定性。[58]

2.2.5　体育赛事媒体版权市场的供需类型化特征

体育赛事媒体版权在供需上有着鲜明的特点,体育赛事媒体版权的供需存在稀缺性与非稀缺性资源的"类型化"特点。供需理论告诉我们,需求是价格的递减函数,价格越低,需求量越大(用公式来表示就是,$Qd = f(P)$,P 为价格;Qd 为需求);供给是价格的递增函数,价格越高,供给量越大(用公式来表示就是,$Qs = f(P)$,P 为价格;Qs 为供给量)。但是正如奢侈品市场对这一供求均衡模型提出的挑战一样,体育赛事市场也同样难以用这一模型进行完整的解释,体育赛事媒体版权市场具有其特殊的供需特征。对于非稀缺性赛事,在赛事具有一定盈利可能性的前提下,其版权价格的上涨会相应地带来需求量的下降,而版权价格的下降则会相应地带来需求量的上升;而对于稀缺性赛事,版权价格的提高并没有将需求方逐出市场,但稀缺性体育赛事需求量增加,多方主体竞相引进购置就会推高体育赛事的媒体版权价格,源于优质赛事版权资源生产要素的稀缺性并无法引发更多的供给。

从稀缺性赛事媒体版权资源的交易中,我们发现赛事版权的需求与价格成同方向变动的关系,也即需求量越大,价格越高,需求量的增加推高了体育赛事版权的交易价格,这是由于赛事版权本身的盈利能力和额外效用(诸多外部效应)的结果,表示为 Qd(商品的需求量)$= f(P)$(P 为商品的价格)。赛事的供给对于价格成微变动的关系,价格升高,供给量并没有发生明显的改变,这主要是由于进入壁垒或增加赛事生产的成本较高,或者维持高价格,表示为 $Qs = f(P)$(刘平,2007)[59]。赛事版权的供需均衡呈现出两级分布的情况(见图 2-2),Pt 下方是非稀缺性赛事资源的供需情况,基本遵循传统供需定理的规律,价格上升供给量上升,价格下降供给量下降;价格上升需求量下降,价格下降需求量上升。Pt 上方表示的是稀缺性赛事资源的供给状况,赛事的供给与赛事价格呈现一定的关联性,但并没体现出显著性的关系,这是由赛事的供给和需求弹性所决定的。

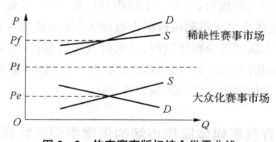

图 2-2　体育赛事版权综合供需曲线

2.3　体育赛事媒体版权产业链的构成与功能主体

2.3.1　体育赛事媒体版权产业链的构成

本文所研究的体育赛事媒体版权运行主要是基于体育传媒主体的角度，从上游、中游、下游这三个环节来探讨。通过对现有体育赛事媒体版权运行的状态和专家咨询等方法进行梳理，构建了体育赛事媒体版权产业链的基本构成模型（详见图 2-3）。

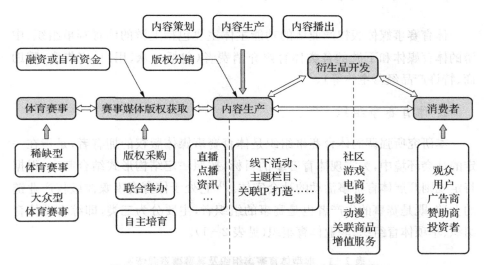

图 2-3　体育赛事媒体版权产业链的基本构成模型

上游环节是体育赛事媒体版权运行的基础性环节，本研究主要聚焦于媒体对赛事版权的需求，分为稀缺性赛事需求和非稀缺性赛事需求。从目前来看，各类稀缺性体育赛事资源是市场关注的焦点。中游环节主要是版权获取后（包括通过联合举办或自主培育）体育媒体对版权进行的运营，主要有三种做法，一是进行完全的分销，直接通过分销的模式赚取差价，一些代理公司主要采取这种方式；二是在进行分销的同时进行自主运营，通过周密的策划、组织、生产、播出等环节为消费者提供媒介产品和服务，这一做法是目前比较常用的做法；三是进行独家运营，通过独家运营寻求垄断收益。总体来看,进行版权分销、多主体运营是较为适合中国市场的版权运行方式。下游环节主要是指基于 IP 所开展的各类衍生市场的开发,包括赛事主题社区的打造、赛事关联游戏的开发与运营、赛事项目关联影视作品的开发、聚集粉丝人群的电商导流和资源转化、关联商品开发和服务提供、制作节目的重组性版权出售等。在互联网经济时代参与经济、体验经济、资本经济、活动经济等正在成为媒体运营的新盈利窗口(王欣等,2011)[60]。各种衍生产品和服务的开发就成了体育赛事媒体版权运营的重要着力点,在用户考虑上也应突破传统的广告商和观众的范畴,并且扩展到用户、广告商、观众、投资者等多元消费对象。

2.3.2 体育赛事媒体版权产业链的功能主体

体育赛事媒体版权产业链的功能主体主要包括上游的体育赛事组织、中游的体育媒体和下游的各类体育媒介消费者(包括观众、用户、广告商、赞助商、特许产品经营主体等)。

1. 体育赛事组织

本研究所强调的体育赛事组织是体育赛事媒体版权的拥有者,是指在一定的社会环境中,为实现体育赛事的目标,按照一定结构形式结合起来,根据特定规则开展体育赛事活动的社会实体。[61]它处于体育赛事媒体版权产业链的上游,既是赛事的生产者也是赛事的组织者,主要分为三类,即综合性体育组织、单项体育组织、职业体育组织(见表 2 - 1)。

表 2 - 1　典型体育赛事组织及其赛事资源情况

代表主体		赛事资源
综合性体育组织	国际奥林匹克委员会(奥运会)	夏季奥林匹克运动会、夏季残疾人奥林匹克运动会、冬季奥林匹克运动会、冬季残疾人奥林匹克运动会、夏季青年奥林匹克运动会、冬季青年奥林匹克运动会、世界夏季特殊奥林匹克运动会、世界冬季特殊奥林匹克运动会、夏季聋人奥林匹克运动会、冬季聋人奥林匹克运动会
	亚洲奥林匹克理事会(亚洲运动会)	亚洲夏季运动会、亚洲冬季运动会、亚洲青年运动会、亚洲残疾人运动会

续　表

代表主体		赛事资源
国际体育赛事组织	**单项体育组织** 国际皮划艇联合会(FIC)	世界皮划艇锦标赛、奥运会皮划艇比赛
	国际业余拳击联合会(AIBA)	奥运会拳击比赛、世界拳击锦标赛、世界杯赛、世界青年锦标赛
	国际业余田径联合会(IAAF)	奥运会田径比赛、世界杯田径比赛、世界田径锦标赛
	国际篮球联合会(FIBA)	奥运会篮球赛、世界篮球锦标赛、世界俱乐部锦标赛
	国际赛艇联合会(FISA)	世界锦标赛(男、女)、世界青年锦标赛、奥运会赛艇比赛
职业体育组织 全美篮球协会		美国职业篮球联赛
欧洲足球协会联盟		欧洲冠军联赛
英格兰足球总会		英格兰足总杯、英格兰足球联盟杯、英格兰社区盾杯
国内体育赛事组织	**综合性体育组织** 全运会组织委员会	中华人民共和国全国运动会
	中国残疾人体育协会	全国残疾人运动会
	单项体育组织 中国体操协会	全国体操锦标赛
	国家体育总局游泳运动管理中心	全国游泳锦标赛
	职业体育组织 中国篮球协会	中国男子篮球职业联赛
	中国足球协会	中国足球协会超级联赛

　　综合性体育组织与单项体育组织又可称为公益服务型体育组织,以全球、区域、国家社会公众的整体体育利益为目标,并提供专长性的服务,属于非营利性组织。以国际奥林匹克委员会为代表的国际综合性体育组织,其主办的奥运会是世界上规模最大的综合性运动会,每4年一届,举办地点为奥委会批准的国家或地区,国际奥委会在当届奥运会举行的7年前确定举办地,在8年前就开始招标,并规定明确的截止日期。欲举办奥运会的城市、地区须在截止日期之前以正式的书面形式向国际奥委会提出申请。

　　单项体育组织的典型代表包括国际篮球联合会、国际足球联合会、中国篮球协会、中国足球协会等。国际篮球联合会旗下拥有世界篮球锦标赛、奥运会篮球赛等赛事资源；国际足球联合会旗下拥有国际足联世界杯、国际足联 U-20 世界杯、国际足联 U-17 世界杯、国际足联女足世界杯、国际足联 U-20 女足世界杯、国际足联 U-17 女足世界杯、国际足联俱乐部世界杯、国际足联五人制世界杯、国际足联沙滩足球世界杯等赛事资源；中国篮球协会拥有 CBA、国家队赛事等资源；中国足球协会拥有中国足球协会超级联赛、中国足球协会甲级联赛、中国足球协会乙级联赛、中国足球协会会员协会冠军联赛、中国足球协会业余联赛、中国足球超级联赛预备队联赛、中国足球甲级联赛预备队联赛、中国足协杯、中超联赛杯、中国足球超级杯等男子足球赛事，以及中国女子足球超级联赛、全国女足锦标赛、中国女子足协杯等赛事资源。这些赛事资源都是各级各类媒体较为关注的赛事媒体版权资源。

　　职业体育组织是职业体育的管理主体，拥有各类职业体育赛事的媒体版权资源，比如，美国的四大职业体育联盟（NFL、NBA、NHL、MLB）旗下的赛事，尤其是 NBA 得到了全球的普遍追捧，也带来了其媒体版权价值的不断飙升。

2. 体育媒体（媒介）

　　体育媒体在赛事媒体版权产业链运行中不仅包括对赛事媒体版权获取后的策划、采写、制作、播出，还包括对上游赛事资源的介入，以及对下游社区、游戏、电商、影视、资本等多元衍生产品的开发和运营，须对全产业链进行系统的筹划，以更好地实现产业链外部性的内部化。当前，从事传播体育赛事的体育媒体主要分为传统体育传媒、互联网体育传媒、体育传媒机构（见表 2-2）。其中以中央电视台、地方电视台为代表的传统体育传媒因享有国家政策的支持，掌握着丰富的体育赛事转播资源。以腾讯体育、爱奇艺体育、优酷体育为代表的互联网体育传媒也称为新媒体，拥有的体育赛事资源同样丰厚，并且具有很强的互动性。2002 年，中央电视台仍处于体育赛事转播的垄断地位，国际、国内重大体育赛事均由央视主导谈判、购买及分销。自 2014 年国发〔2014〕46 号文件出台后，国家逐渐放宽了体育赛事的转播权，自此，互联网体育传媒开始争相进入体育赛事版权市场。如今，体育赛事版权市场已经被腾讯、百度、阿里三个互联网巨头所垄断，正式进入 BAT 时代。此外，以体奥动力为代表的体育传媒机构，主要是通过再次分销所持有的赛事版权的形式从事体育赛事的传播工作。

表 2-2　典型体育媒体(机构)及发展情况

体育媒体	代表主体	发展情况
传统体育传媒	中央电视台、地方电视台	1958 年 6 月 19 日,中央电视台的前身北京电视台第一次现场直播了八一男女篮球队和北京男女篮球队的友谊比赛,这是新中国第一次通过电视进行体育赛事转播。此后中央电视台就成为中国电视的权威代表,同时也是转播体育赛事的官方平台。直到 2014 年国发〔2014〕46 号文件的出台,才逐渐打破了其垄断地位 一级:中央电视台体育频道 二级:省级电视台体育频道 三级:地方电视台体育频道
互联网体育传媒	腾讯体育、百度体育、爱奇艺体育、阿里体育、优酷体育	腾讯体育成立于 2003 年,在 15 年的时间里,依托优质内容、全新体验、多元化传播等独家优势,覆盖全面的体育赛事直播和点播资源,且拥有体育球迷的专属社区和多种互动玩法,连接用户与赛事,铸就了中国最专业体育平台。2008 年,带领网民参与奥运,腾讯体育缔造了第一网络主场。2010 年,南非世界杯十项指标全面第一,全直播创新报道模式大大提升了体验。2013 年,以绝对领先地位成为中国奥委会唯一的互联网服务合作伙伴。2015 年,国际强 IP 深入渗透,获得 5 个赛季 NBA 独家网络播放权。2016 年,拿下了囊括 NBA、FIBA、英超、英雄联盟等顶级赛事的线上版权。2019年,与 NBA 达成 5 年续约,获取 2020—2025 年 5 个赛季 NBA 独家网络播放权 一级:腾讯体育、爱奇艺体育、优酷体育 二级:新浪体育、暴风体育、搜狐体育
体育传媒机构	体奥动力	体奥动力于 2004 年成立,2015 年收购了"中国之队"系列比赛"四个包"的媒体版权;同年以 80 亿元收购中超联赛连续 5 个赛季的全媒体版权;2017 年签下 2017—2020 赛季的亚冠全媒体版权。目前已经囊括了中超联赛、中国之队系列比赛、亚足联旗下赛事、中国足协杯以及超级杯等全媒体版权,实现了中国足球顶级赛事版权史无前例的大满贯

　　传统体育传媒可划分为三个等级,一级:中央电视台体育频道,享有丰富的体育赛事转播资源;二级:省级电视台体育频道,享有部分体育赛事转播资源;三级:地方电视台体育频道,享有比赛的录播权利。互联网体育传媒可划分为两个等级,一级:腾讯体育、爱奇艺体育、优酷体育,享有独家赛事的全媒体版权;二级:新浪体育、暴风体育、搜狐体育等,享有部分赛事转播权,主要采取去版权化的赛事传播方式。

3. 体育媒介消费者

体育媒介的消费者处于体育赛事媒体版权产业链的下游,主要包括观众、用户、广告商、赞助商、投资者等。可以说,整个体育赛事媒体版权产业链都是服务于体育媒介消费者的,无论是体育赛事、赛事媒体版权、内容生产,还是衍生品的开发,都是围绕体育媒介消费者所展开,并且最终都是为了实现版权变现的目的。

对于观众与用户而言,随着时间的演变,科学的不断进步,赛事转播的技术不断提高,观众与用户的消费渠道、消费内容、消费群体都发生了相应的变化。根据中国互联网络信息中心(CNNIC)在京发布的第43次《中国互联网络发展状况统计报告》,截至2018年12月,我国互联网覆盖率再次上升,网民总规模达8.29亿人次,其中使用手机上网的网民近8.17亿人次,通过手机接入互联网的比例高达98.6%。移动设备已经成为人们获取体育赛事信息的首选方式。2012年的伦敦奥运会上,爱调研网就对385万在线会员进行了抽样调查,结果显示选择手机以及平板电脑观看赛事直播的人数仅次于互联网及电视用户,这也标志着移动端已经逐渐成为人们观看体育赛事的重要渠道。在《2018腾讯体育NBA年度大数据报告》中,相关数据表明,腾讯NBA的消费群体发生了较大的变化,女性球迷的数量大大增加,达到近16%,占据了1/6的球迷总数,并且女性球迷人均观看NBA的时间比男性球迷多出一半。在消费内容上,因生活节奏的加快,很大一部分忙碌于工作的人们没有固定的时间去观赏一场完整的体育赛事,体育微博、体育短视频、体育资讯等这些新的消费内容的出现为人们提供了快速了解体育赛事信息的方式,逐渐被人们所青睐。

对于广告商而言,体育赛事所蕴含的勇敢拼搏、积极进取、公平公正、互相合作的体育精神,能够极大地感染观众。凭借体育媒介平台的传播效果,孵化了大量的受众群体。凭借体育赛事的影响力,在赛事转播中植入广告就能够发挥出更好的宣传效果,观众在欣赏精彩赛事转播的同时,自然而然地就接受了广告商品牌或产品的影响,品牌形象潜移默化地就植入了受众心里。因此,越来越多的广告商愿意去花费大额的手笔在赛事转播中植入广告,进行品牌的传播。赛事冠名、演播室包装、服装提供、版块包装、角标、合作宣传片等等皆是广告商投放广告的方式。

对于赞助商而言,在政策红利的刺激下,体育赛事的发展被推向高潮,高收视、热关注激发了全球各地赞助商对赛事赞助的热情。据有关研究表明,

2017 年，全球共有 628 亿美元用于企业营销组合中的赞助，这充分说明了赞助活动在企业营销中的重要作用。对赛事进行赞助能够有效提升企业形象，扩大品牌知名度，扩宽产品的销售渠道，增强与消费者之间的联系，塑造企业文化。因此，体育赞助也被认为是赞助活动中最常见的赞助方式。此外，受益于体育赞助所带来的积极效应，众多体育组织将体育赞助视为一种基本的融资模式。

对于投资者而言，在经济全球化的发展背景下，人们的生活水平不断提高，体育消费需求层次不断升级，越来越热衷于观赏体育赛事。体育赛事转播逐渐受到众多知名企业的青睐，尤其是像 4 年一届的夏季奥运会、世界杯等关注度非常高的大型体育赛事的转播，往往会吸引众多企业投资。企业投资体育赛事的转播，能够有效提升自身品牌形象，体育赛事的级别越高，影响力越大，就越能够将企业品牌推向国际化，从而提高企业地位。

第3章　体育赛事媒体版权运行的
商业逻辑与基本状态

　　2014 年以后,体育赛事传媒市场在政策的释放下,充分激发了市场的活力,根据国家体育总局和国家统计局的公开数据,体育传媒与信息服务在体育产业中的增加值的比重从 2015 年的 0.7% 跃升到了 2018 年的 2.3%①,增幅尤为明显。体育赛事媒体版权市场在体育产业发展中的地位急剧提升,要想更好地探索体育赛事媒体版权产业链的发展,就要对该市场发展的基本商业逻辑、运行模式、市场格局、基本状态等进行归纳总结。

3.1　体育赛事媒体版权运行的商业逻辑

3.1.1　体育传媒产业的核心资源

　　体育赛事媒体版权是体育传媒的核心资源,主要体现在商品流和资本流两个维度。对于体育赛事传播来说,观众对平台的忠诚度往往来自其所传播的体育赛事。换句话说,就是体育迷(观众、用户)对传播平台并不是那么在意,其更多关注的是传播的内容,通常是其所喜爱的赛事在什么平台播放,体育迷就会到什么平台观看、参与——总结来说,体育传媒最为核心的资源就是体育赛事媒体版权。体育赛事尤其是各类高端体育赛事资源,比如,奥运会、足球世界杯、NBA、中超、CBA,等等,其本身具有广泛的迷群群体,获得这些版权的媒体能够吸引其背后庞大的体育迷群体,为媒体带来巨大的流量,这也是近

---

① 数据来源于国家统计局、国家体育总局。

些年诸多媒体为什么疯狂竞逐优质体育赛事媒体版权的原因。近些年,尤其是
2014 年国务院 46 号文件对体育赛事版权松绑以后,各类媒体机构纷纷角逐赛事
媒体版权,其主要的原因就是它们意识到了赛事媒体版权的"垄断资源"价值。

　　体育传媒基本处在以赛事媒体版权为核心的生态状态。从产品的角度来
看,体育赛事版权是其运作的核心和基础,体育传媒以赛事的直播、转播、主题
类节目等为核心,围绕特定的赛事展开相关节目的制作,进行衍生节目和产品
的开发。从资本的角度来看,各类版权购买主体布局体育赛事媒体版权市场,
购置赛事媒体版权这一生产资料,通过媒介运作手段对体育赛事版权资源进
行加工制作,形成赛事直播、点播、集锦、新闻、主题类节目等产品并投放于各
类传播平台,进而吸引广大体育观众,形成注意力资源资产。在这一过程中存
在着二次售卖,一方面,向 C 端受众有偿出售或无偿提供服务并获得间接分
成;另一方面,将赛事所吸引到的注意力资源销售给广告商、赞助商等 B 端客
户,这一费用将以货币资本的形式参与循环过程。在循环的起始阶段,购买全
媒体版权的企业还可以直接将版权作为零售商品出售给新媒体和传统媒体,
进而获取收益,参与资本的循环过程(见图 3-1)。一个媒体企业如要实现持
续发展,只有以聚合体育迷群以及广告商能力较强的顶级版权为入口,才能有
助于增加传播平台的黏性,吸引海量用户进入,拓展付费模式,获得广告商的
青睐;才能让更多人关注并参与运动项目,带动相关消费的提升,培育良好的
消费市场;才能更加贴合受众需求,拓展游戏、电商和彩票等周边业务,从付费
与增值服务方面获取高额利润。因而赛事资源的优劣与稀缺程度是影响媒体
组织资本变现的关键一环。

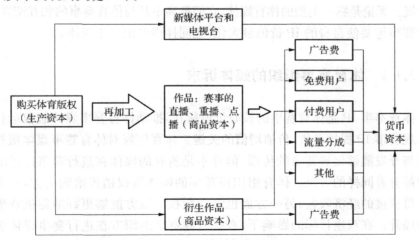

图 3-1　体育版权的需方资本循环

3.1.2 体育赛事版权价值的实现

体育赛事与媒体有着天然的联姻关系,长期处于一种互利共生的状态。体育赛事与传媒的共生关系在电视时代得到重视并迅猛发展。电视的产生促进了原本只能到现场才得以观看的体育赛事通过电视进入大众的眼帘,促进了体育赛事的传播。早在 1960 年的美国加利福尼亚冬季奥运会便开始了电视转播权的销售,8 年之后的墨西哥奥运会以 400 万美元的价格交易(销售主体是墨西哥的组委会),自此以后,体育赛事媒体版权交易便一发不可收拾,并逐渐发展成为体育赛事组织的重要收入来源(孝飞燕,2019)[62]。

媒体和体育赛事的对接能够实现"1+1>2"的效应。在如今"互联网+体育"新业态发展趋势的背景下,媒体在体育赛事 IP 化过程中的作用是不可小觑的。可以毫不夸张地说,赛事 IP 与媒体是共生共荣的,只有在体育媒体的协助下,赛事 IP 才能实现自身价值的最大化。媒体之于赛事版权的价值不仅体现在媒体是其内容的传播渠道上,更为重要的是,通过媒体与赛事的深入对接能够提升赛事内容产品所呈现的标准和制作水准;不断细挖、深挖赛事以建构与体育迷间更深的情感关联;媒体可以实现从普通用户到赛事迷群的转化,而这正是一个企业得以成功的关键点所在,也正是媒介企业花费高昂版权费所看重的。而同样在媒介演化的历史中,也可以看到许多体育赛事 IP 为媒体的发展做出了相应贡献的案例。例如,在电视开始流行的年代,美式体育赛事与 ESPN 一起开创了基于电视媒介的传播法则和商业模式,推动媒体制作向着不断精良化的方向发展。无论是哪种类型的体育媒体,它们都离不开与体育赛事的相互交融,而体育赛事想要使自身的 IP 价值最大化,也同样需要依附于媒体。

3.1.3 体育赛事组织的媒体诉求

体育赛事 IP 是体育赛事的核心价值所在,推动体育赛事媒体版权运行则是实现赛事 IP 提档升级、价值增值的关键。体育传媒对体育赛事媒体版权的运行与开发能够促进赛事的传播,但并不是所有的媒体在进行赛事传播的过程中都有着同样的效果。体育组织将赛事的媒体版权销售给购买方,一方面是获得直接的经济收益;另一方面也希望版权获取方能够更好地促进赛事价值的提升。在双重目标的影响下,有些时候赛事组织方在进行赛事媒体版权销售的过程中并不是单纯的"价高者得",比如,根据媒体报道,腾讯体育在竞逐 NBA 版权的过程中其出价并不是最高的,阿里体育出价更高(上不封顶),但 NBA 官方最终选择了腾讯体育,其看中的是腾讯体育完善的媒体矩阵和庞大的用户群体,能够给 NBA 带来广泛的客群和足够的传播支撑。通过第一个 5 年的合作,腾讯也确实促进了 NBA 在中国的影响力升级,在 2021—2025 周期,腾讯体育以 3 亿美元/年的价格最终获得了 NBA 的全媒体版权。[63]

体育赛事媒体版权运营的方式主要有以下三种:第一,完全分销型,在版权运行中直接采用版权分销的方式赚取差价,这类企业通常属于版权代理公司性质。第二,将版权部分分销与进行自主运营相结合,通过周密的策划、组织、生产、播出等环节为消费者提供媒介产品和服务,通过版权信号、电视信号将这些赛事内容分发到其他的媒体机构,以收取相应的转播费用。这种运行手段是目前比较常见的做法。第三,只采取独家运营的方式,通过独家运营获取垄断收益。大体上来说,中国市场的版权运行方式多以采取版权分销、多主体运营为主。

但在互联网经济时代,参与经济、体验经济、资本经济、活动经济等正在成为媒体运营新的盈利窗口,体育赛事 IP 资源实现盈利也不再仅仅只是通过赛事运作与转播版权,各种衍生产品和服务的开发也就成了体育赛事 IP 价值提升的重要着力点。例如,腾讯体育凭借拥有 NBA 版权的巨大优势,实现了体育与娱乐的跨界融合,打造体育泛娱乐化,提高体育赛事产品的附加值。先进的虚拟技术和分析技术对赛事直播做出了革命性的改变,国内一流的解说、主持团队,多种方式的互动,深度挖掘赛事潜力。打造了一个连接用户和体育内容的平台,开发篮球网游和周边产品销售,打造球迷专属社区吸引核心用户。以优质的体育赛事 IP 为核心,向外进行辐射性、衍生性发展,拉动相关产业的发展,以促进体育赛事媒体版权驱动赛事、娱乐等消费的增长,进而创造出巨大的商业效益。新媒体技术的发展带来了传播的革命,同样给体育赛事媒体版权运作也带来了新的机遇。在这一背景下,具备新媒体开发优势和创新能力、具有良好的赛事运营能力的媒介企业则更有空间和机遇;对于赛事组织来说也更应该重视新媒体市场的开发与应用。

3.2　体育赛事媒体版权的运行类型

当前我国体育传媒或者机构在运行赛事媒体版权的过程中主要采用全面版权模式、细分版权模式、版权分销模式和去版权化的模式。

3.2.1　全面版权模式

全面版权模式,顾名思义就是通过全方位的体育赛事版权的收割,以高价购入并独占赛事资源,以市场垄断优势打通资本变现道路的赛事媒体版权的运行模式。近年来,我国体育产业整体发展态势向好,国内各市场主体争相布局体育赛事版权市场,赛事版权成了各类媒体的香饽饽,诸多的市场主体力求通过赛事版权的囤积来获得"垄断地位",其中乐视体育和苏宁体育可谓全面版权模式运行的典型代表。乐视体育曾经一度拿下了超过 310 项体育赛事的转播权,其中 72% 是独家权益。通过版权资源聚合战略,乐视体育实现了公司估值的迅速提升,并在资本融资方面取得了一定突破,但在开拓并探索成熟的会员付费模式以实现资本变现的道路上惨遭滑铁卢。随着"贪多求全"的乐视体育的出局,全面版权模式也引来了诸多争议。但不可否认的是,诸如乐视体育这类的市场主体在全面版权模式的运营中存在一定的投机心理,将很多精力置于版权的竞得上,而忽视了版权的开发运营中自我运行能力的评估,且对国内付费市场过于乐观,导致在获得赛事版权后未能有效地进行市场开发和资本变现,最终退出历史舞台。

事实上,随着各类资本巨头的涌入,版权价格的飞涨早已超出了常规乃至非常规的生意逻辑,国内付费市场何时成熟也是一个未知数。正是因为清醒地认识到上述问题,采用相似模式的苏宁体育实现了大幅跃进。据估算,苏宁体育的总体版权成本已经高达数十亿元,这是任何企业所不能承受之重。苏宁体育的应对之法决非坐等付费收入和广告收入来持平版权成本,而是在实现版权资源垄断之后,进一步实现直播平台资源的垄断,以此来完成一个宏大的资本故事框架,只有这样的全面版权模式才能更好地适应未来赛事版权市场波诡云谲的变化。当前在苏宁体育的整体商业生态中,各类优质的赛事版权被视为其各类业务的导流资源,通过赛事对各类体育迷的聚合力,为苏宁的商业生态带来源源不断的客流,以充当更为突出的"营销"的工具价值。比如,苏宁在体育版权运营中也尝试了多种形式的流量导入,通过打通流量入口、品牌方、电商三方平台助力零售业务,同时苏宁还打通了体育和零售两个会员体系,希望利用会员背后的用户数据最终为智慧零售服务。苏宁希望联动旗下各产业来做精细化运营,与体育版权产生协同效应,特别是利用零售业务上的优势,不断打通体育和零售的边界。[64]

3.2.2　细分版权模式

与全面版权模式不同,细分版权模式在版权的运营中具有更加精细化、颗粒化的特性。细分版权模式具体是指市场主体锁定了某个具有巨大影响力的体育赛事核心资源,这类资源多为稀缺性优质赛事资源,通过不断深挖赛事潜力来实现对赛事资源全力运营的运行模式。如果把全面版权策略比作坦克兵团大进军,则细分版权的打法更像是空军和导弹部队的远程精准火力打击。腾讯体育与 NBA 赛事的结合就是国内细分版权运营模式下少有的成功典范。从内容上来看,腾讯体育以极富前瞻性的 5 年 5 亿美元的花费拿下了 NBA 赛事版权,为之后的资本变现留下了充足的空间,由于掌握了资源的相对独占性,腾讯体育顺势推出了付费会员业务。相比于之前乐视体育每年 599 元的会员包,腾讯体育的产品设计和定价更为合理。通过打造赛事直播、赛事节目和赛事版权衍生品三大相互支撑的内容平台,实现了以顾客需求为中心的精细化付费经营模式,更易获取并锁住客户流量。

但腾讯体育与 NBA 实现相对完美的结合的背后也有一定的特殊性。首先,NBA 赛事可以说是"最容易运营"的项目,其用户基础、直播时间、品牌知名度、市场成熟度、客户认可度等都无可比拟。其次,一方面,腾讯拥有几亿用户,绝对用户数量的庞大使得腾讯在广告售卖方面具有先天优势;另一方面,因为有整个集团来为其背书,因而使得打通腾讯体育、NBA 的广告售卖市场变得更加顺利。两者的特殊性是细分版权模式能将两者紧密串联并实现双方利益最大化的核心要素,但也是这种特殊性使得细分版权模式的可复制性并不理想。据悉腾讯体育相继拿下了法网和联合会杯的版权,并试图在 F1、NFL 等项目上发力,夯实内容资源布局的意图十分明显。但这些项目的运营和 NBA 有很大区别,对团队的专业性和服务的精确性要求很高,而腾讯在这方面的基础并不强于竞争对手,因而细分版权模式更加考究的是优质媒体和优质赛事的双向选择与结合。

3.2.3　版权分销模式

版权分销模式是指在战略上认定一个核心版权资源,在战术上则以版权分销为主的运行模式。与全面版权模式和细分版权模式相比,版权分销模式的自主运作程度更低。有些公司在获得体育赛事媒体版权后并不进行媒介产品生产和传播或者只参与部分信号的生产，继而将获取的版权资源或者制作的初级产品进行销售，以赚取差价。以新英体育以及体奥动力这样的媒体集团为例，在版权分销的过程中，其实质上就是一个版权代理公司。它们拿下具有一定排他性的、稀缺性的赛事资源（如英超、中超等），通过制作这些赛事的版权信号、电视信号把这些赛事内容分发到其他的媒体机构，如央视以及其他网络公司（如腾讯、PPTV 等）等，再从中收取相应的版权费用。

版权分销模式是较为传统的赛事版权运营模式，支撑盈利的业务模式相较于其他运营模式来说过于单一，多数这类模式的媒介往往是聚焦于特定的赛事资源，处于"独家和独资"的状态。比如，体奥动力主要围绕"中超"的媒体版权资源，而新英体育则主要聚焦于"英超"的大陆地区版权资源。"命系独家"版权资源使得相应机构具有较好的赛事精专性，但也使得运营商承担了较大风险。如体奥动力，以 80 亿元的高价击败所有竞争对手获得中超的版权，以期通过独家垄断和付费培育实现版权价值回笼，但是其最终未能有效地培养起良性的资本循环，其资本路线也遇到了阻力，加之合作伙伴乐视体育的过早撤出，导致体奥原本设想的商业模式不得已搁浅。

版权分销的模式也有着不同的探索，如被当代明诚收购的新英体育，其探索了与当代明诚、苏宁体育的合作，三方合作，资源共享、平台共建、传播共造、利益共享，实现了一定程度的三赢格局。这种三赢的合作有效整合了苏宁体育的体育版权资源与新英体育的版权分销优势，对于新英体育来说，至少未来 5 年内可以专注经营英超赛事版权，甚至拓展其他国际足球赛事版权资源。笔者认为，像体奥和新英这样的依靠单一资源的平台，在现有条件下不可能通过正常的销售渠道收回成本，抱团取暖、殊途同归才符合市场逻辑，协同合作打造整合的运作平台才是版权市场持久战之下的明智之举。

3.2.4   去版权化模式

除去上述的版权运行模式之外，市场上还存活着一类游离在主要战场之外的市场主体，这类企业通常采用的是一种去版权化的运作手法。这种运作方式的被动成分要大于这类企业的主动选择，是在版权大战中失势的企业的战略调整，以不掌握或者不独占核心赛事资源为运行的逻辑主线，转而投向赛事运营以及聚焦于客户端和头条化的运行模式。去版权化的打法更多的是借助"泛娱乐化"的方式运作。所谓"泛娱乐化"现象，指的是一股以消费主义、享乐主义为核心，以现代媒介（如电视、戏剧、网络、电影等）为主要载体，以内容浅薄空洞甚至不惜以粗鄙搞怪、戏谑的方式,通过戏剧化的滥情表演,试图放松人们的紧张神经,从而达到快感的一种文化现象。[65]"泛娱乐化"运作方式与体育结合能够拓宽体育赛事的传播宽度,能够起到提升体育赛事的传播范围,深化赛事传播和满足受众更多元化需求的效果。体育赛事内容的"出路"决不止版权一条途径,版权的购置本身也具有一定的风险性,所以对"去版权化"也不必过分唱衰。

　　科技的进步带来了传播渠道的拓宽,由传统的渠道稀缺进入了"富媒"的状态,为体育赛事内容的传播带来了多种可能性。诸如新浪、网易、暴风等社交媒体均可成为体育赛事媒体版权运营的主体,并成为体育赛事媒体版权运营中最具有可塑性以及可带来意外收获的重要组成部分。当然"泛娱乐化"要避免庸俗化、低俗化,纵观目前中国非赛事直播类的体育内容,所谓的花边和猎奇内容,脱离了诸如"明星绯闻"这一类的花边新闻还是难以生存的。实际上,这种不当内容的运营方式对用户留存和转化的影响极大。通过这种手段吸引而来的不是用户只是过客,并不会转变为稳定的用户流量,用户不会真正留在媒体平台上,因而用流量赚取广告费用也就无从谈起。所以,就目前这一阶段的发展情况来看,去版权化运行模式的缺点也很明显。因此应聚焦于专业化,提升去版权化运作的专业性,注重故事挖掘、情景设计,在法律允许的框架下,有效地串接赛事,比如,开发关联明星家庭的专题节目、体育明星子女的综艺节目、挖掘赛事运动员的生活与成长故事,等等。

3.3　体育赛事媒体版权的市场格局转变

3.3.1　以传统电视转播权为代表的"行政垄断"阶段

　　1978 年,中央电视台较早地开始了对足球世界杯的电视转播,并不断地拓展;1990 年,第一次与国际足联展开电视转播权的合作,并不断地深入,同时在其他赛事媒体版权市场中不断耕耘,形成了"垄断地位"的市场认知。随着赛事媒体市场的发展、科技的进步,这种垄断受到了越来越多的谴责,认为其妨碍了市场的效率,对关联主体的发展产生了诸多不利影响,诸多的学者认为央视的垄断归结为行政的垄断,细致来分析,我们可以管窥央视在体育赛事媒体版权市场(电视转播权市场)中形成垄断的多维原因,其并不仅仅是来自行政力量的赋权。

1. 政策维度赋予的资源垄断

早在 2000 年,国家广电总局颁布的《关于加强体育比赛电视报道和转播管理工作的通知》明确规定,国际重大体育比赛(包括足球世界杯、奥运会、亚运会等)的转播权和国内重大体育比赛(包括全运会、城运会和少数民族运动会等)的转播权只能由央视谈判和购买,并确立了央视在传统媒体领域的权威性垄断地位(国家广播电视总局,2000)[66]。2015 年颁布的《关于改进体育比赛广播电视报道和转播工作的通知》对这一规定进行了调整,仅限定重大的国际体育比赛,包括奥运会、亚运会、世界杯(包括预选赛)等赛事的独家谈判和购买地位,其他赛事均可公开、公平竞争购买(国家新闻出版广电总局,2015)[67]。这些政策的规定,确立了央视在足球世界杯、奥运会、亚运会等重大国际赛事媒体版权上的独家谈判和获取地位,也就是在赛事媒体版权运行的前端赋予了一定的行政垄断地位,使得央视在体育赛事媒体版权领域形成了一定的优势,这也成为市场声讨央视垄断的重要依据。但政策从最初的国内外重大体育赛事到近期的国际三大赛事的独家权益的规定,反映了政策的调整和发展。

2. 技术维度形成的覆盖垄断

央视在体育赛事转播市场中形成的垄断,除了直接的政策赋予以外,其在技术维度所形成的优势也是重要的促成力量。电视媒体信号通过线缆传输或卫星传输的方式进行,具有较强的自然垄断的特征:电视传输网络投资巨大,回收成本时间长,有较强的资产专用性;卫星传输的投资也较为巨大。与此同时,传统的电视市场还存在着较为突出的"区域垄断"格局,各级电视台基本上在自己的行政区划内处于垄断性地位,其他地方电视台要获得区域落地就必须获得相应的行政授权(易旭明、倪琳,2011)[68]。这种规定在一定程度上使得各地方电视台在进行技术投入时其规模效益有所折损,在早期也就成就了只有中央电视台才能够实现全国的落地,实现最大化的覆盖,而地方电视台只能覆盖特定区域,降低了地方电视台的竞争力。技术的高投入和市场相对狭窄的现实进一步促成了央视垄断地位的形成。

3. 路径依赖形成的执行垄断

从 1978 年的早期尝试开始,经过数十年的发展,央视在体育赛事转播市场已经形成了一套较为成熟的运作模式,也尝到了前期垄断地位所带来的垄断收益。在与地方媒体和新兴网络媒介巨头的博弈中存在着较为突出的既得利益保护心态。无论是 2000 年颁布的《关于加强体育比赛电视报道和转播管理工作的通知》，还是 2015 年颁布的《关于改进体育比赛广播电视报道和转播工作的通知》，或者是 2018 年颁布的《关于印发完善促进消费体制机制实施方案（2018—2020 年）的通知》，这些文件都强调了中央电视台应在保证观众最大化覆盖的前提下，就其他媒介主体需要进行相应赛事媒体版权的转让和分销，确保重大赛事在中国境内的播出覆盖。文件本身的规定是符合行业发展和百姓需要的，有利于促进体育传媒行业的发展和体育赛事公共价值的实现。然而，央视在既得利益的驱动下，却选择性地执行相应的行政赋权，以于己有利为原则，而不是以公众利益最大化为准则。这在一定程度上强化了自身的垄断地位，但也招致了其他主体的广泛抨击。

综上所述，央视之所以形成市场所认定的"央视垄断"，并被列为阻碍体育赛事和体育传媒行业发展的病态现象，其主要原因是在特定的历史时期，央视在技术环节、通信播出环节等形成的自然垄断；上游赛事版权获取的行政垄断，加之在技术、播出等环节的自然垄断，放大了央视的"行政垄断"地位。在行政垄断阶段，央视以其独有的市场覆盖率和权威地位，在传统的广告补偿收入的商业模式下，能够较好地保证赛事播出的覆盖，最大化公众接触体育赛事的机会，实现体育赛事的公共价值，更好地营造体育文化，是特定历史时期的应然状态。

3.3.2　互联网巨头崛起与政策释放后的"寡头垄断"阶段

随着经济技术的发展，尤其是互联网技术的变革、移动通信技术的发展，传媒发展在传播环节突破了数字网络、卫星通信等通信技术的限制，在播出环节突破了频率、频道等资源的限制。配合近些年政策的释放，各互联网巨头和体育公司纷纷布局体育赛事媒体版权，并在"高端卡位"的"资源导向"下疯狂地进行赛事版权的囤积，展开了体育赛事媒体版权市场的非理性竞争。除了"足球世界杯、奥运会和亚运会"三大赛事以外，各类媒体（机构）展开了相对自由的竞争，去掉了"行政垄断"的束缚，各主体争相夺取独家权益。对赛事版权的获取与运行，由前期更多的"行政垄断"（央视垄断）转向更多的"寡头垄断"，带来这一变化的因素主要包括以下几个方面：

1. 政策释放促进体育产业发展，吸引转向的主力

2014 年，国务院颁布的《关于加快发展体育产业促进体育消费的若干意

见》中提出，到 2025 年我国体育产业规模将达到 5 万亿元，并明确提出取消商业性体育赛事审批，放宽转播权限制。在国家政策的指导下，各地纷纷制定了省级的配套文件，其体育产业规模总和达到了 7.9 万亿元之多，足见各级政府对体育产业发展的期待和信心。体育产业的发展尤其是竞赛表演业的发展，体育传媒具有重要的作用。政策的释放一举激活了沉寂的体育产业市场，市场主体纷纷布局体育产业及体育传媒业务。尤其是资本大佬，依托强大的资本实力纷纷入局体育产业，并将体育赛事媒体版权作为市场卡位的重要手段，促成了体育赛事媒体版权市场的新格局：以阿里体育、苏宁体育、腾讯体育、乐视体育、咪咕体育、优酷体育等为代表的平台型体育媒介机构；以当代明城、新英体育、体奥动力等为代表的公司型体育媒介机构；以 CCTV5、东方体育等为代表的传统体育媒体机构，并形成了苏宁体育、腾讯体育、阿里体育、中央电视台等多头鼎立的局面。多元市场主体的进入，为体育赛事媒体版权市场注入了活力，政策的释放成为垄断转向的强大引力。

2. 技术发展促进传播技术变革，形成转向的助力

互联网技术的跨越式发展，无限存储、无限传播、无限容量、跨越地域等特性打破了传统媒体的频率、频道、通道、地域等的限制，使得从事体育赛事版权相关业务的技术门槛和行政审批得到突破。技术与行政门槛的突破为各类市场主体进入体育赛事媒体版权市场提供了机会和可能。而在新媒体环境下，广大的媒体用户由原有单纯的"受者角色"向"传者与受者"的双重角色转变，尤其是对新时代的青少年群体来说，更加不待见传统的赛事转播产品。在新媒体技术的培养下，用户更加习惯于便携性、互动性、体验性、社区性、智能化等方面的产品，更加崇尚多元与个性。而各类市场主体在适应和迎合消费需求方面较之传统媒体具有更加突出的敏锐度，用户需求和媒介产品消费习惯的转向，为市场主体的介入提供了广阔的市场空间。技术发展带来的传媒革命为市场主体提供了空间和市场，形成了强大的转向助力。

3. 域外经验塑型商业生态模式，形成转向的外力

ESPN、Skysports、NBC、ABC、CBS、BBC、瑞士盈方、IMG 等媒介机构与跨国集团在体育赛事媒体版权领域的成功成为国内市场主体乃至相关决策主体制定政策和做出决策的依据。国际体育传媒发展的经验表明，体育赛事媒体版权尤其是稀缺性的赛事媒体版权是布局体育产业、形成垄断地位的重要资源，通过合理的市场运作，能够形成有效的市场并带来可观的经济回报；体

育赛事媒体版权运作中付费收看是媒介收入的重要来源；体育赛事媒体版权能够进行前端和后端的多元开发(前端进行自主赛事的培育,后端进行衍生品的开发)。在域外经验的对比下,市场主体普遍地认同这一领域巨大的市场潜力,以乐视体育为代表的新媒体体育媒介平台在进行融资宣讲的时候,将体育赛事媒体产业生态构建得令人倾慕,并吸引了两轮共 100 多亿元的融资。当然经过狂奔的乐视体育已经关门大吉,这种逻辑的当下适应性仍有待于观察和探讨。

在多维因素的影响下,诸多体育赛事媒体机构以获取独家版权形成资源垄断为目的,形成了一定的"寡头垄断"新格局,比如,在足球领域主要的世界赛事资源都被收归苏宁体育旗下,主要的篮球赛事资源则被腾讯体育垄断。从整个体育传媒市场来看,由原来的央视"行政垄断"转向了更多的"寡头垄断"。而"寡头垄断"带来的现实问题已经开始显现,在成本回收和逐利动机的驱使下,市场主体广泛采取独家播出、付费收看等手段,严重影响了赛事传播的覆盖率,带来的是传播覆盖率的下降,体育文化营造的压缩,赛事传播带动人群体育参与价值的折损,导致的是体育赛事公共价值的损伤；间接地影响体育市场、传媒市场基础的培育,影响产业效益的达成。

3.4　体育赛事媒体版权产业链的基本状态

3.4.1　产业链较短且内涵不足

从上述分析中可以看出,体育媒体在赛事媒体版权产业链运行中并不仅仅包括对赛事媒体版权获取后的策划、采写、制作、播出,还包括对上游赛事资源的介入,对下游社区、游戏、电商、影视、资本等多元衍生产品的开发和运营,需要的是全产业链的系统筹划,以更好地实现产业链外部性的内部化。而目前我国体育赛事媒体版权的运行对上游赛事环节的介入不够,从近两年各类媒体版权的采购来看,主要体现为对国外赛事资源的获取,而在本土赛事资源的联盟打造和对国外各知名赛事组织及国际组织的联合培育上重视不足。在与国内赛事资源的合作中,对上游赛事运行的渗透不足,上游赛事中很多的组织运营和展示难以满足媒体传播的需求,降低了赛事的观赏性；对下游各类消费者的研究也存在一定的不足,下游的开发应用、衍生产品和服务的开发存在严重的不足。总体来说,我国体育赛事媒体版权运行的产业链还较短,且内涵不足。

3.4.2 产业链分工不清且结构不完整

产业组织理论认为,一定的产业结构对产业行为及产业绩效具有显著影响,这是 SCP 产业经济学研究范式的核心思想,一条结构清晰、完整的产业链对产业的发展意义重大。明晰的产业链结构有利于关联企业的分工与合作,完整的产业链结构有利于产业链功能的充分发挥,进而实现产业效率与效益的提升;反之,则会影响产业的分工协作,造成产业秩序的混乱,进而影响产业绩效(曾元祥,2015)[69]。总体来说,当前我国体育赛事媒体版权产业链的结构还不够完整,尚处于形成与廓清的阶段。这种结构的不完整主要体现在,一方面,链主企业尚不够明确,包括链主企业的身份和角色定位。在身份上,传统媒体的 CCTV5 依然具有较为强大的辐射优势,而随着新媒体技术的发展,互联网大佬大肆布局体育产业,当前苏宁体育、阿里体育、腾讯体育等巨头逐渐瓜分着体育赛事版权市场的核心资源;但诸如体奥动力、当代明诚、新英体育等媒介企业也同样发挥着重要的作用,具有较大的影响。不仅如此,随着 5G 时代的到来,短视频、MCN 等的兴起,抖音、快手等新传播平台不断崛起,导致我国体育赛事媒体版权市场呈现出激烈竞争的场面,未能真正形成链主身份的确认及其具体功能的确定。另一方面,我国体育赛事媒体版权产业链存在着一定的环节缺位现象,影响产业链功能的发挥。比如,在上游我国体育赛事优质版权资源极为稀缺,在赛事版权交易环节缺少经验丰富、具有国际赛事版权交易经验的经纪团队,直接影响着我国体育赛事媒体版权,乃至体育赛事承办权、赞助权、市场开发权等权益交易的专业化程度,往往会造成成本的提高,不利于产业链的健康发展。

3.4.3 赛事媒体版权产业链运行中利益分配不均衡

产业链关联企业作为独立的经济主体,对利润的追求是企业不变的宗旨。关联企业参与产业链构建的动力之一就是为了获取产业链的剩余利润,但是基本的前提是关联企业认为其所获得的利润能够补偿其投入,即获得合理的利润回报,这是产业链各关联企业合作的基础(刘贵富,2006)[70]。利益分配的合理与否是体育赛事媒体版权产业链良性运作的基础和保障。当前我国体育赛事媒体版权产业链存在着较为严重的利益分配不均衡的问题，产业链上一些节点企业未能获得应有的回报，影响了企业（媒体）等参与产业链的积极性，损害了产业链的契约基础和优化升级。在传统媒体时代的体育赛事媒体版权市场中，由于赛事媒体版权（转播权）具有特殊的政策规定，央视长期垄断各类赛事的媒体版权资源，并通过垄断地位在国内外赛事媒体版权的交易中占据着绝对的优势地位，有些赛事无法有效进入传播体系进行传播，同时也压制了赛事媒体版权的价值实现，因而在一定程度上影响了体育赛事媒体版权市场。

　　而在 2014 年国务院 46 号文件中明确提出"放开电视转播权限制"以后，各类传统与新兴媒体纷纷布局体育赛事产业，企图通过优质的赛事版权资源卡位市场，获得一定程度的垄断地位，进而抢占体育产业市场的先机。在这一背景下，诸多企业竞逐优质赛事媒体版权资源，导致大量的体育赛事媒体版权价格在短期内急速飙涨。一些赛事组织缺乏长远的眼光，将赛事资源"价高者得"，而一些机构并不具备收回其成本的能力，最终导致无奈地退场。比如，当年天盛体育的落败、近年乐视体育的衰落，很重要的一个原因就是在利益分配上，体育赛事组织方（产业链的上游）攫取了较高的利益，而严重挤压了产业链下游的利益空间，最终导致下游相关节点企业的退出。当然，目前一些媒介主体和体育组织也意识到了这一点，在赛事媒体版权的运作中注重相关利益的协调分配，既关注短期利益，也关注长期获利的持续性，在这一点上，NBA 的战略便是很好的案例。

3.4.4　赛事媒体版权产业链运行中供需失衡

　　从供需理论来看，供给匹配需求是实现市场价值的前提，也是企业在市场运营中不断的追求，而我国的赛事版权运行中存在着较为严重的供需失衡问题。根据前文所描述的，我国各类赛事媒体版权购买主体体现了较为严重的资源导向问题，为了获取相对稀缺的赛事媒体版权并力求达成市场卡位和资源的垄断，在执行中不计成本，存在一定的忽略中国公众实质性需求的现象。正如笔者在 2016 年的《体育赛事版权引进热的冷思考与应有方略》一文中所强调的那样，在我国的体育赛事媒体版权获取中存在着贪多求全、购销脱节等问题。前文中所提到的乐视体育的 310 项赛事版权很多是缺少市场和群众基础的，同时乐视体育运营团队的支持不足，最终导致了资金链的断链，造成了企业运行的困境。当然，本文所讲的供需失衡并不是说体育赛事媒体版权领域整体性的失衡，而是局部性的失衡，在购买端存在一定的供需错配，在运行中各类传媒所生产的赛事媒介产品及其衍生品不能很好地满足新时期用户的多样化需求,还存在重资源卡位、轻运行能力提升的不足。

3.4.5 产业链运行水平较低、国际化不足

在全球化的今天,国际分工和合作已经影响到了各个领域和行业,任何产业的发展不再仅限于国内环境。体育赛事媒体版权的运行不仅仅处于国内的环境,尤其是现在对上游赛事资源的获取更是主要通过从外部环境引进的方式,因此其发展与海外市场息息相关。从产业链运行的角度来看,处于中游环节的体育传媒公司对上游主要是通过采购的形式,而并没有有效地介入国际赛事的运行环节,嵌入式不够,诸多赛事的信号主要是采用对方信号。而中游环节的运作水平也存在较大不足,在盈利口径上,目前国内的体育赛事媒体还主要依赖于广告收入,付费模式经过多年的探索虽然取得了一定的进步(如腾讯体育的 NBA 运营),但依然占比较低,且付费收看文化远未形成;在运行团队上,由于市场的短期急速扩张,人才已经成为制约运行水平发展的瓶颈,导致了诸多赛事媒体版权在获取后内容制作层次不高,甚至较为业余。在下游环节,版权的衍生开发力度不够、思路不清,等等,使得赛事媒体版权运营变现的盈利端口较为单一,严重制约了赛事媒体版权市场的健康良性发展。

3.4.6 产业链运作中存在一定的资本乱象

资本运作是当前体育产业、传媒产业运作中的一个重要的经济手段,在体育赛事媒体版权的运行中也存在着大量的资本运作现象,通过资本的手段为行业的发展筹集更多的资金显然是有利于行业和产业发展的。但过度的资本化或资本化导向的运作则不利于整个产业链的运营,甚至会伤害产业链的健康发展。近两年的赛事媒体版权市场存在着一定的资本乱象。比如,体奥动力以 80 亿元人民币的价格获得了中超 5 年的媒体版权,这一版权价格相较于之前中超版权的价格翻了数十倍,不可谓不疯狂,也着实引起了舆论的惊呼,事后的诸多报道也反映了这一决策的非理性。但坊间传闻其当初不计成本的报价并不是基于中超版权的变现可能,而是谋求上市,80 亿元上市所带来的资本市场估值放大的效应蔚为可观,可以说其本意在资本而非中超版权的经营变现。后来因为其上市的受挫引发了后续的纠葛,这一现象无论是对当事公司还是对中超联赛,抑或对整个的体育赛事媒体版权市场都是一个巨大的警示。

第 4 章　体育赛事媒体版权产业链的运行动因与运行模式

4.1　体育赛事媒体版权产业链运行的内在动因

经济学研究告诉我们任何一种经济现象都有着相应的理论支撑,产业链的出现或探索也不例外。企业作为理性的经济实体遵循经济学中的"经济人"假设,在运行中总是会探寻利于组织效益提升的路径,以追求效益的最大化。在其他行业、产业的发展中,尤其是相对成熟的产业链中已经相对完善的行业,我们能够观察到在行业发展的过程中,企业会自觉或不自觉地加入由多个企业组成的联系网络和中间产品的交换网络中,这种自觉便是基于产业链所能带来的效益的驱动。体育赛事媒体版权产业链运行显然构成了一个分工的体系。产业链上各关联主体之间存在不同程度的依赖关系,并且在这种相互依赖、作用和影响下能够形成最终的产业竞争力,对体育赛事媒体版权产业链链化运行具有重要的意义,包括体育传媒组织内部、体育传媒的行业发展和体育传媒与体育赛事的互荣互惠发展等方面。

4.1.1　传媒组织绩效提升

体育赛事媒体版权概念清晰地表达了其与媒介组织的关系,赛事媒体版权价值的实现离不开媒介组织的运作,显然运作水平的高低不仅关系到媒介组织自身的投入和产出,也关系到体育赛事版权所有方、赛事运营方实现赛事的传播效益。从发展较为成熟的产业链的形成过程中,我们能够看到产业链的发展对于企业组织来说具有以下意义:

1. 赛事媒体版权产业链运行有助于交易费用的节约

交易费用的节约是产业链运行的一大动因。交易费用理论在 1937 年由科斯最早提出并得到了广泛的发展,同时也得到了产业链理论研究的广泛关注。交易费用理论指出,不管是企业内部还是企业(单位)之间进行交易都是会产生成本的(王凯,2016)[71]。交易费用是影响体育赛事媒体版权变现的重要因素之一,其直接关系着赛事媒体版权运行成本的高低。当前在我国体育赛事版权引进的过程中存在着版权价格畸高的现象,短短两年的时间,在政策驱动和资本推动的双重作用下出现了价格的飙涨,导致了在体育赛事媒体版权入口端的交易价格非理性。在版权分销、运营等过程中也存在着诸多环节的交易成本,并且在赛事媒体版权运营过程中,上游的赛事版权拥有者往往拥有较为强势的信息优势,在交易谈判中处于主动的地位,加上市场购买主体的竞争属于"密封式竞争",信息获取成本极高,导致优质赛事版权的购买主体往往处于被动的地位。而产业链治理通过采用联合采购、竞争性合作、纵向一体化等方式可以有效降低交易成本,提升版权运作的竞争力,降低运营的压力(当然,在产业链运行的过程中,联合采购、竞争性合作、纵向一体化等的机会成本需要低于获益所得)。体育赛事媒体版权运营的交易不仅体现在版权购销环节,也体现在版权运行中市场的开发、体育用户需求的获取、版权运行所需技术的获取等等各个环节,通过产业链的运作能够实现一些信息的共享、分享,实现一些技术的共同开发和共同享用,推进一些市场的共同开拓、培育和挖掘使用,能够为降低各环节的交易费用带来可能。

2. 赛事媒体版权产业链运行有助于降低传媒运营风险

体育传媒企业处在一个相对开放的经济系统中,面对不断变化的传媒环境,经济环境的变化、政策环境的调整、技术环境的跃进等等都会影响整个体育传媒产业中包括每一个体育传媒企业在内的运营风险。体育传媒面临着整个市场的不确定性。这种不确定性往往会给企业经营带来较大的潜在风险,主要包括:

(1)生存的风险

任何一个体育传媒在经营中都存在着一定的认知局限,对自身资源和对市场整体环境(包括竞争对手、政策环境、技术变化、用户需求等)等存在着一定的认知不足,对体育传媒自身规律性的把握存在着不清晰,对市场运作规律掌握欠缺等等都有可能给企业带来经营困境,甚至走向破产。比如,曾经站在体育赛事版权风口的乐视体育,一度疯狂囤积了300多项体育赛事媒体版权,秉承资源卡位的运营思路,但其对版权运行的规律,以及自身媒体运营团队的组建和人才队伍的建设未能跟上版权资源运营的需求,加之对市场的超乐观预期,最终导致了乐视体育的资不抵债,并连累了其母体乐视网。

(2)交易的风险

体育传媒或者体育传媒公司在整个市场中的交易是随机的,传媒企业无法预知下一个交易对象,交易会面对哪些竞争对手以及交易的成败。比如,当年体奥动力以80亿元获得中超的版权,就是一匹黑马。再如,俄罗斯世界杯的媒体版权,央视在最后阶段才放出声音并将版权分销给了咪咕体育和优酷体育,对于很多业内人士来说,央视会不会进行世界杯版权的分销,在版权分销信息确认之前是不确定的;分销给哪些类型的媒体、具体是谁也是不确定的;分销的交易价格还是不确定的,这些都给体育传媒在相关的交易中带来了诸多的风险。

(3)机会主义风险

机会主义是指经济主体为追求自身短期利益最大化而具有随机应变、投机取巧的倾向(游振华、李艳军,2011)[72]。在以完全市场交换为主的市场中机会主义难以避免,因为交易对象的不确定使得行使机会主义可以迅速获利但不会受到交易对象的惩罚。在体育赛事媒体版权运行领域也是如此,比如,诸多市场主体经常围绕顶级赛事所进行的隐性营销就是很好的说明;再如,市场中存在的盗播现象,版权资源的无序利用等等都是机会主义的表现,都给赛事媒体版权的运行带来了潜在的风险。

在整个市场的大海中,单个企业的抗风险能力显然弱于企业的联合。面对纷繁复杂的市场环境和各种可能的风险,体育传媒企业通过产业链运行方式构建链式同盟,能够提高企业获取信息、了解环境变化、了解竞争对手等的能力,提高抵抗风险的能力。当然在进行这一方式的运行中要有效地解决企业间相互信任和利益公平分享的问题。

3.赛事媒体版权产业链运行有利于社会资本的丰富

自企业社会资本研究兴起以来,学者们从不同角度对其内涵进行了解读。比较一致的观点是,企业社会资本是镶嵌在企业内外部网络中,对其经营业绩有影响的潜在和实际的资源的集合。社会资本镶嵌于社会关系网络之中,通过交换可以形成各种各样的关系。实际上,社会资本的形成是一个复杂而辩证的过程,产业链中的成员与其他成员交换中间产品时就形成了社会关系网络;同时这种社会关系网络的形成又反过来加速了交换的发生,加强了产业链成员之间的合作,提高了他们之间的信任。在社会体系中,交换是资源组合的前提,因此,产业链成员间通过中间产品的交换,资源得到了重新的组合(刘春全、李仁刚,2008)[73]。企业加入产业链能给自己提供更多资源选择和利用的机会,尤为突出的就是智力资本的利用,智力资本是镶嵌于产业链网络组织中的最为活跃的隐性社会资本。

毫无疑问,随着知识经济的到来,由于其边际报酬递增的特性,智力资源将会成为企业发展的重要资源。在激烈竞争的环境下,获取新的知识是企业保持创新力的一种有目的的追求,加入产业链可以使企业在短时间内获取足够多的智力资源。产业链这种动态网络组织给其成员提供了一个动态的网络智力资源库,让其成员共享知识资源、分享经验,从而加速了成员自身的发展。产业链的这种特性不断地吸引新的企业加入,同时新企业加入又不断扩大和发展原来的产业链。因此,产业链是一个开放的、动态的网络组织。

4.1.2 体育传媒产业跃升

1. 赛事媒体版权产业链运行有利于组织的高效运行

产业链是一种以以收益递增为特征的纵向产业内分工和以比较优势为特征的横向产业间分工为主导且相互交织的产业组织形式(曾文莉,2018)[74]。伴随着体育产业的发展,体育赛事、体育传媒、体育文化产品策划、生产、播出、延伸品开发、销售、体育广告、体育赞助、体育游戏等等细分领域不断出现,专业化分工日渐加深,分工的链条也在不断延长。这种专业化分工的延长和细分在提高效率的同时,也带来了细分领域之间交易成本、信息搜寻成本、经验成本、市场开拓成本的提高,而正是因为这种专业化分工所带来的效率损耗,才产生了产业链分工主体间相互协调的需求。产业链的运行模式能够较好地促进分工环节间的相互整合和协同,通过战略联盟、合并重组、纵向一体等方式实现信息共享、技术分享、利益共赢。尤其是对于我国体育媒体产业整体处于相对不够成熟的阶段,也就是处于企业生命周期的成长阶段,各体育媒体的内容生产、市场开拓、用户培育、商业模式等都处于摸索阶段,更需要相互的协作,以更好地提升产业组织内部和组织间的效率。尽可能地减少企业间和企业内部的信息搜寻、恶性竞争等非能力性损耗,通过产业链治理机制设计,促进链内企业集中精力开展技术研发、内容策划、服务提升、市场培育等核心环节,促进组织运行的高效率。

2. 赛事媒体版权产业链运行有利于提升行业竞争力

前文已经论述了当前我国体育赛事媒体版权市场存在着严重的变现困难,乐视体育、新英体育等都已经在赛事媒体版权的运行中失败或正深陷危机,深究其原因总体来说是因为我国体育媒体整体产业竞争力较为薄弱。这种竞争力的薄弱表现在以下三个方面,一是对上游优质赛事资源的评估能力不足、议价能力不佳等;二是对中游赛事版权获得后的内容生产制作能力不够、赛事 IP 的开发不足、市场匹配性不够等;三是对下游衍生产品、IP 应用与拓展、衍生服务等开拓不足,同时对整体赛事用户市场的培育和开发严重乏力。

而产业链运行是提升产业竞争力的有效路径,通过产业链运行能够促进产业链上的企业进行更多的信息交换、知识分享、经验传递、协同开发等。企业的竞争优势源于主体之间更好的互动,产业链所带来的产业链上利益相关者之间的互动能够更好地促进体育传媒体系竞争力的提升。比如,对于整个体育赛事媒体版权产业的运作来说,成功与否最终归结为对消费端的培育(主要包括广告商、观赏用户、媒体内容赞助商、衍生领域消费者等)。无论是广告商、赞助商还是衍生品的开发,最终看中或依赖的都是通过赛事媒体版权的内容生产所吸引的用户(包括观众、读者、听众、网络用户等),也就是最终决定体育赛事的观众(用户)。从我国的现实情况来说,笔者认为我们尚未到瓜分市场的阶段,应该着力于培养赛事观众市场,要培养百姓的体育和赛事观赏的基因。而这种培养单凭某一媒体单一的力量是不够的,必须建立在多体育媒体整合的视角,也就是产业链的整合视野,通过体育赛事媒体版权产业链的运作来促进整体竞争力的提升,在促进体育媒体良性运行的同时,也有利于体育赛事产业乃至体育产业的良性发展。

4.2 体育赛事媒体版权产业链运行的外在动力

体育赛事媒体版权产业链的形成与发展,动因是重要的目的性追求,是聚焦体育传媒和体育赛事产业与行业的中观因素。除了中观和微观层面的因素以外,体育赛事媒体版权产业链的形成与发展还受到中观、宏观层面基础动力的影响。总结来说,体育赛事媒体版权产业链运行的基础动力主要包括政策支持的驱动力、市场需求的拉动力、技术变迁的推动力和市场价值的引诱力四个方面(见图 4 - 1)。

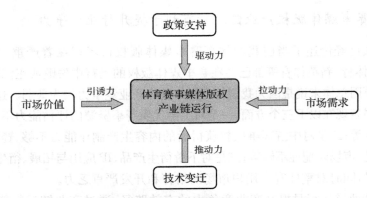

图 4 - 1 我国体育赛事媒体版权产业链运行的基础动力

4.2.1 驱动力:政策支持

体育赛事媒体版权产业链的形成与发展既是其自身发展的必然结果,也是政策推动的结果。正如龚勤林所指出的,产业链的形成是市场自发行为和政府自觉行为的有机统一(龚勤林,2004)[75]。芮明杰、刘贵富等学者在研究报告中也都强调了政策对于产业链的形成的重要影响。产业政策对产业结构、产业布局、产业组织、产业技术等所进行的宏观调控与干预对于产业发展具有重要的意义。

近年来,我国出台了一系列的体育产业政策,涉及体育媒体版权产业链上、下游的各个环节。2014 年,国务院出台的国发〔2014〕46 号文针对版权上游环节的赛事明确提出:"取消商业性和群众性体育赛事活动审批,加快全国综合性和单项体育赛事管理制度改革,公开赛事举办目录。""以竞赛表演业为重点,大力发展多层次、多样化的各类体育赛事,推动专业赛事发展,打造一批有吸引力的国际性、区域性品牌赛事。"针对媒体明确提出:"创新市场运行机制,推进赛事举办权、赛事转播权、运动员转会权、无形资产开发等具备交易条件的资源公平、公正、公开流转。按市场原则确立体育赛事转播收益分配机制,促进多方参与主体共同发展。放宽赛事转播权限制,除奥运会、亚运会、世界杯足球赛外的其他国内外各类体育赛事,各电视台可直接购买或转让。"[76]政策对体育赛事媒体版权市场进行了多主体调动的制度支持。这一政策的释放也成为随后几年体育赛事媒体版权市场活跃的催化器。

4.2.2　推动力：技术变迁

产业技术是科学技术向生产力转化的最终形态,可以广义地理解为人类变革、控制和利用自然的人工机制(李贤沛、胡立君,2005)[77]。从某种程度上来看,产业链又是一种技术链,产业链成员之间使用不同的生产技术,生产中间产品并将之相互交换,这种交换背后的实质即技术关联,产业技术进步是推动产业升级和产业链动态调整的直接动力。任何一种新产品的开发或新生产工艺和流程的改变都会引起原有社会分工体系的改变,从而形成新的产业门类,进而刺激并带动相关产业的发展,引起产业结构扩张和复杂化,导致原有产业链的收缩或扩张(游振华,2011)[72]。

当今技术的不断发展,给体育传媒行业同样带来了巨大的变革,传统媒体在整个媒介产业中的占比在不断下降,以互联网、移动互联技术为基础的新兴传媒产业已经占据了市场主导地位。技术更迭改变了媒介的传播模式、价值模式和盈利模式,智能化与超文本的生产管理,"中央厨房"与机构融合的组织再造、移动优先与机器算法的流程重构,以及新媒体环境下守正创新的价值重塑、产业拓展、技术管理等都是媒体变革的写照。在这一背景下,体育赛事传媒产业也同样发生了巨大的变化,媒体的体育内容生产、传播内容、传播技术、传播方式、终端设计等等都已发生巨大的变化,带来的最为直观的变化是体育赛事媒体版权突破了简单的电视转播权,赛事新媒体版权、短视频版权、视频点击版权、剪辑版权等等新版权形态不断涌现。在运作的过程中,传统、简单的信号制作播出的形态也难以适应新形势下的用户需求,促进了产业链运行的升级,技术的革新为体育赛事与体育传媒的无缝对接提供了新可能、新空间。同时,互联网思维既是媒体运行的思维逻辑,也逐渐渗透到产业的上、下游环节。

4.2.3　拉动力：市场需求

技术变迁能够带来体育传媒行业产业格局的变化,而市场需求的变化同样也是体育传媒产业链运行的重要拉动力。对于体育赛事传媒来说,市场需求主要包括两个维度,一方面是媒体的观众(用户)体育观赏需求的变化;另一方面是传媒上、下游企业面对整体需求的变化。

对于前者,源于生活水平的提升、健康中国、生命意识等的深化,人们的体育参与和观赏意识与范围会发生很大的变化。根据公开数据整理可知,当人均 GDP 在 1 500～6 000 美元时,郊游、登山、徒步、保龄球、垂钓等项目是较为普及的户外运动项目;当人均 GDP 在 6 000～8 000 美元时,跑步成为大众流行的项目;当人均 GDP 达到 10 000 美元时,潜水、攀岩、自驾、冲浪、越野、划艇等运动项目将成为新的发展方向。近些年,在国家大力推进全民健身、健康中国的战略下,百姓的体育意识得到了较大提升,在赛事及其关联产品的需求方面,我国体育观众也体现出飞速增长的态势。2014 年,Repucomde 球迷调研报告显示,中国拥有 1.7 亿英超球迷,这些球迷 2014 年的平均收入在 5 900 元左右,可以看出,体育赛事对中国球迷的吸引力。以 NBA 为例,在 2002 年前后,其中国观众仅有 3 000 万人左右,而在 2014 年达到了历史性的 1.4 亿人左右的规模。随后腾讯体育拿下了 NBA 的全媒体版权,在腾讯的运作下[78],"互联网＋"形态下的 NBA 保持了相对稳定的观众规模,也反映了公众对赛事的需求。随着整体环境的变化,受众的接收习惯、媒介终端方式都发生了巨大的变化,需要产业链各环节企业进行各种战略联盟合作,以更好地满足市场需求的变化。

在第二个维度上,包括作为体育赛事所有权方的体育组织,作为体育赛事重要参与主体的赞助商、政府等等需求的变化,所带来的满足需求的能力升级,在这种背景下诸多的产业链节点企业仅仅凭借一己之力很难有效地应对这些利益诉求的变化,为了更好地满足各类利益主体的需求所催生的合作需求,也就是近些年较为常见的各类联盟关系。

4.2.4 引诱力:市场价值

体育赛事媒体版权产业链的发展,市场价值的引诱也是一个重要因素。2014 年以后,资本市场对体育赛事媒体版权资源表现出了异常的狂热,很大程度上是看到了国外体育媒体机构的获利,看到了通过购买赛事媒体版权所带来的市场卡位能力和垄断相应资源所带来的垄断利益。欧美国家人均体育消费基本在 300～500 美元。2017 年,美国体育消费达到 1 000 亿美元,其中排在前三名的分别是体育赛事 560 亿美元(门票、交通、食物和饮料)、体育专业装备 330 亿美元、健身房消费(190 亿美元)。在职业赛事观众方面,美国职业体育的现场观赛人次占总人次的比重高达 43％,而我国只有 0.6％,看到这些,诸多市场主体认为我国体育赛事和体育传媒市场有着巨大的发展空间。海外发达体育传媒,诸如 ESPN、Skysports 等媒体机构,在运行中都存在着不同程度的产业链运作的做法。比如,环法自行车赛就是在 1903 年由 L'Auto 报纸(法国《队报》的前身)所创办;1993 年,ESPN 推出了 X-Games 赛事,并打造成了自主品牌,包括自行车特技、滑雪板竞速、街头雪橇等青少年喜欢的项目,增加了受众的交流和互动,同时也为自己的节目提供了素材。

近些年,伴随着版权的急剧飙涨,FOX、ABC、NBC 等便联合起来购买 NFL 的版权,在不同的时段购买,从单一的竞争走向了竞合。ESPN 在其主营业务品牌的基础上进行品牌延伸(衍生),布局运营体育主题餐厅、运动服饰等领域。天空体育、ESPN 等在参与世界杯、奥运会等节目时还尝试开发玩偶、运动器具等产品。近年来,体育地产、体育主题公园、体育休闲城也都成为国外媒体的重点业务布局内容(阮伟,2014)[79]。

4.3　体育赛事媒体版权产业链的运行模式

体育赛事媒体版权产业链的运行需要明晰产业链的类型和发展方式,这既是把握其特征的基础,又是更好地进行产业链管理的前提。简单来说,产业链的类型就是产业链各环节组织的关联方式(曾元祥,2015)[69]。根据现有研究产业链的类型,从关联企业的供需关系、发展模式等维度有着不同的划分:从供需关系的维度,产业链通常包括资源导向型、产品导向型、市场导向型和需求拉动型;从发展方式的维度,产业链又包括技术主导型、生产主导型、经营主导型和综合发展型等基本模式(潘成云,2001)[80]。

每一种发展模式都有其需要的条件和特点,不同的产业类型所适应的发展模式也有所不同。刘富贵、赵英才(2006)[81],方卿(2008)[82],刘志迎、赵倩(2009)[83]等对产业链的分类及发展模式进行了较为系统的研究,并对不同发展方式的产业链类型进行了特征的分析。

技术主导型的产业链,顾名思义,技术在整个产业链的形成与发展中起到了核心的作用,上游企业预测未来的需求,围绕未来的需求投入资金开发新产品、新技术、新设备,并在产业链中向下游企业转移设备、技术等,通过不断地技术革新,引导满足消费市场需求,并通过技术转移实现产业链的关联与发展。各类高新技术产业、IT 产业等都属于这一类型,比如,手机、电脑、通信技术等产业均属于技术主导型的产业链类型,如图 4-2 所示。

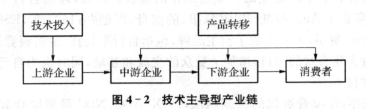

图 4-2　技术主导型产业链

资源导向型产业链是一种以资源为核心的产业链发展模式。在这一类型的产业链中,上游企业掌管着稀缺的资源,而中游企业对资源有着强烈的依赖性,同时上游企业相对较少,对资源处于一种"垄断"的状态,在产业链形成的过程中具有绝对的话语权,如图 4-3 所示。

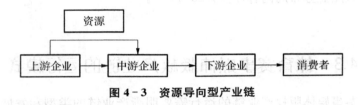

图 4-3　资源导向型产业链

需求(经营)导向型产业链是一种以消费者需求为中心的产业链发展模式。这一模式的动力来源和发起点均是消费者的需求,强调对消费需求的满足,这一类型直指市场,企业见效快,但也存在着变化快的特点,因为消费者的需求变化是较为常态化的。需求分为常态性需求和变动性需求,这也导致了这一类型的产业链发展会较为灵活,稳定性不够,如图 4-4 所示。

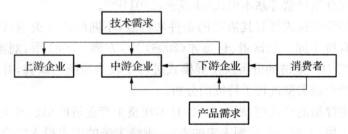

图 4-4　需求拉动型产业链

综合发展型产业链既兼顾了技术主导型、资源主导型和需求拉动型等发展模式的优点,又兼顾了发展见效速率、发展稳定性、发展后劲等产业发展因素,如图 4-5 所示。

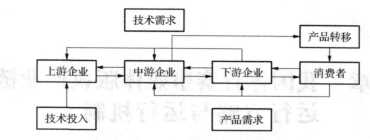

图 4－5　综合联动型产业链

从当前我国体育赛事媒体版权市场来看,它主要还是一种以信息服务为主的内容行业,以各种体育赛事为核心版权对象,主要依赖于竞技场上运动员的各种精彩表现和制度规则设计所形成的竞赛现场产品,以及通过媒介制作所形成的各类媒介赛事产品,其技术化程度有别于前文所提的技术主导型的技术要求,不适合于此类发展模式。在赛事媒体版权市场中,优质的赛事资源是一种典型的垄断资源,掌握在赛事媒体版权产业链的上游企业(体育组织)手中,且这类资源较为稀缺,拥有优质赛事资源的体育组织也相对有限。而处于中游的各类体育媒体相对较多,尤其是在互联网时代,在我国针对体育赛事版权的政策放开以后,竞争主体迅速增多,符合前文所提的"资源导向型"发展模式的基本条件。但是体育包括体育赛事的观赏需求对于公众来说是一种非必需的消费内容,又有别于"煤炭""通信"等刚性需求的行业,这也就决定了体育赛事媒体版权市场尽管在很大程度上符合"资源导向型"的前端条件,但不具备消费刚性的条件,也就是说,体育赛事媒体版权产业链需要相应的消费需求。

同时,在传媒技术变革的语境下,媒介用户的使用习惯、接收方式产生了深刻的变化,媒体的技术运用能力也在不断地升级,满足用户需求的途径愈发多元。综合来看,我国体育赛事媒体版权产业链应该走综合型的发展模式,既能充分注重优质赛事资源在产业链发展中的龙头作用,又能兼顾用户需求对产业链发展的价值实现的影响,同时还能注重各类技术在产业链发展中的催化效果。

第5章 我国体育赛事媒体版权产业链的运行方略与运行机制

当前我国体育赛事媒体版权市场已经呈现出一定的产业链形态，同时随着技术、行业的发展，这一产业链也处在不断演化的状态中，而为了更好地促进产业链的发展，我们需要对相应产业链的运行方略和运行机制进行探讨。

5.1 体育赛事媒体版权产业链的运行方略

产业链的运行实质上是一种链条关联企业的整合，产业链的整合通常分为横向整合、纵向整合以及混合整合三种模式。整合的本质是对分离状态的现状进行调整、组合和一体化。产业链整合是对产业链进行调整和协同的过程。对产业链整合的分析可以分别从宏观和微观两个视角进行。产业链整合是产业链环节中的某个主导企业通过调整、优化相关企业关系使其协同行动，提高整个产业链的运作效能，最终提升企业竞争优势的过程。[84]美国学者梅森、贝恩通过对企业进行调查，从市场集中度、产品销售、产品质量等因素进行剖析认为，企业之间通过产业链整合的方式能够提高企业的竞争力，获取更高的市场占有率。迈克尔·波特对此进行了更加深入的研究，将这一理论融入企业战略理论中。企业的整合方式分为合并、兼并、依托于合同而进行的整合等。

5.1.1 横向整合

横向整合是指通过对产业链上相同类型企业的约束来提高企业的市场集中度，扩大市场占有率，从而增加对市场价格的控制力，进而获得垄断利润。产业链的横向整合主要通过企业投资自建、收购、兼并同类型的企业或形成行业联盟等途径来实现(吕强龙,2013)[85],将产品相近的企业进行联合,并将资本、知识等资源结合起来,从而不断扩展企业生产规模、提升企业竞争力、提高市场份额、实现规模扩张等。横向整合通常通过水平合并和建立横向联盟两种方式来实现。通过合并或者联盟关系的建立,能够有效地提高市场集中度和资源把控力,降低资源获取成本并形成市场的联合壁垒,促进链条企业竞争力的升级。体育赛事媒体版权产业链的横向联合基于提升行业竞争力,通过关联企业联合(合并)等方式,促使各大体育赛事媒体公司与体育赛事相关企业进行深度联合,对于赛事资源、直播平台、人才团队、下游渠道等等进行共享与合作,形成企业联盟,从而达到提升核心竞争力、扩大版权效益以及提高市场地位的作用(董爱军,2011)[86]。

当前,体育赛事媒体版权的竞争异常激烈,想要在市场中站稳脚跟,就必须不断提高自身的核心竞争能力,简而言之,就是对自身的能力与技术进行升级,从而提升自身的综合能力。通过构建横向的联合来实现对上游资源竞购的战略联盟;在体育赛事媒体版权运作环节能更好地实现技术、团队、运营、经验、信息、市场等多维度的共享。

我国体育赛事媒体版权产业链横向整合主要以战略联盟的方式,分为生产联盟型、技术联盟型以及营销联盟型。

1. 生产联盟型

生产联盟是指企业之间通过制定生产协议,双方之间实现优势互补,共同生产某种产品,实现规模经济效益,达成共赢的局面。它涉及业务外包联盟、特许生产联盟、合作生产联盟等。体育赛事媒体企业之间的生产联盟主要指的是赛事资源的联盟,媒体平台之间达成合作伙伴关系,制定赛事资源、内容的合作协议,双方发挥各自平台的优势,精心经营同样的赛事内容,更确切地说是一种合作生产联盟。例如,国内苏宁体育与阿里巴巴的合作;PP 体育与优酷体育共同经营足球赛事版权内容;爱奇艺与当代明诚旗下新英体育的合作,二者共同经营西甲、网球、高尔夫等赛事版权内容。

2. 技术联盟型

知识技术是一切活动的核心,任何一个企业想要发展得更加长远,必须不断更新与提高企业的知识技术水平。技术联盟指的是企业之间为了提高自身的核心能力,以知识、技术作为纽带进行合作。在合作期间,进行知识的分享、技术的交流与共享。随着社会不断进步,科学技术不断更替,此类型联盟的占比逐渐上升。体育赛事媒体企业之间的技术联盟主要是指知识、科学技术手段之间的联盟,各媒体平台之间签订协议,将自身的知识与技术相互交换,实现优势互补。在画面清晰度、信号稳定性、直播界面转换上实现技术的互补,提高赛事直播的质量,提高观众的体验感。例如,国内的优酷体育就与阿里云进行了技术层面的合作,阿里云提供的先进信号转换手段与优酷清晰的直播画面强强联手。

3.营销联盟型

营销联盟是指下游渠道的合作,是企业为了产出自身产品,扩大市场占有率而进行联盟的一种手段。由于不同文化、观念导致人们的消费意识、消费选择大不相同,阻碍着产品顺利进入市场。因此,通过联盟的形式对企业的产品进行整合,统一销售渠道,以网络营销的方式对企业产品进行妥善安排,扩大了市场营销的范围。体育赛事媒体企业的营销联盟主要是指利用双方的下游销售渠道进行深度合作,对用户基础与产品需求进行深度调查,在赛事直播的过程中,以广告、赞助、链接等形式出现在赛事直播间隙,其中会员的联合销售也是一种比较新颖的方式。例如,苏宁体育与阿里巴巴就进行了零售行业的合作,将电商与赛事直播进行了融合。

体育赛事媒体在我国的发展起步较晚,因此在产业链布局上存在许多问题。对体育赛事媒体版权产业链进行横向整合,能够帮助体育媒体相关企业更好地协调产业上游与下游之间的关系,扩展企业内部与外部的发展空间。通过体育赛事资源互补、技术协同,不仅能够提升赛事媒体企业的实力,还能够不断增强产业链的竞争力。

5.1.2　纵向整合

纵向整合即纵向关系治理,就是一种对纵向交易的组织形式设计或制度安排,通过特定的制度安排来最终改变产业链各关联企业的协同程度(郁艾鸿,2005)[87]。在产业链纵向治理模式中存在着"买"还是"做"的两种极端的模式,主要是围绕成本最小化和利润最大化的追求,采取市场(交易)或者企业(自产)的二元治理方式,是分工时代的产物,能够通过专业化的提升来提高企业的生产效率,对应着"纵向一体化"和"现货交易"两种纵向治理模式。除了这两种模式以外,在产业链纵向关系中还存在着广泛的"中间型模式",即市场化治理、模块化治理、关系型治理、领导型治理、科层式治理。

1. "买"还是"做"的决策

"买"还是"做"就是指由自己企业生产还是通过外部企业直接采购。古典经济理论解释了分工的产生:在将交易效率作为重要倾向的情况下,当生产一体化的生产中某一个环节或工序的产品由于需求规模的递增,导致纵向分离出来的企业可以享受规模经济带来的成本节约时,那么新企业将有可能因专业化分工而产生。反之,如果这一生产环节的需求有限,无法实现规模经济所需要的边界,专业化分工以后无法实现可观的收益,这一生产环节就会继续保留在原有的一体化结构中。当然,这并不意味着所有具有规模效益的环节都能够在进行专业分工后独立为企业,很多情况是在原有的企业内部形成独立的部门,并在专业化和规模效益上具有良好的状态,形成内部一体化。企业的利润是企业对"买"还是"做"的重要决策依据,为了避免消费剩余外流,企业和政府政策都会通过特定做法来推进纵向一体化以提高经济效率。

2. 中间型治理模式

在现实的领域中,产业链上下游治理并非只有两个极端的"买"与"卖"的形式,还有诸多兼具市场交易和科层治理的中间治理模式。中间治理模式受到企业能力、资产专用性和业务重要性程度等核心因素的影响,其关系见表 5-1。科斯最早阐释了交易成本对企业发展的重要影响,解释了企业的边界不仅仅决定于企业的技术能力,还受到交易成本的影响,企业在进行外部市场交易和内部企业生产决策时,往往会展开内部官僚成本和外部交易成本的比较,通过二者的权衡来确定是内部生产还是外部交易。当然科斯仅仅是从成本的角度来考虑问题,从而忽略了企业生产能力和核心竞争力的考量。威廉姆森在科斯研究的基础上认为,静态地分析交易意义并不大,并提出了交易匹配的概念,其从资产专用性、不确定性和交易频次三个维度对交易行为进行了分类,并提出了科层式、中间型和市场化三种纵向关系治理结构。

表 5-1　产业链的中间型治理模式与理论基础

理论基础	解释变量	产业链纵向关系治理模式		
		科层式	中间型	市场化
交易成本理论	资产专用性程度	专用性程度高	专用性程度适中	专用性程度低
企业能力理论	业务的战略重要性程度	核心业务	支持性业务	市场化业务

从表 5-1 中我们能够看到,资产专用性程度越高(对企业能力至关重要),企业越倾向于实施内部的科层式治理;反之则倾向于采用市场化治理方式,也即注重企业核心能力的保护与开发,关键能力掌握于企业自己手中。当然在现实中,很多情况下即便资产专用性程度高、业务非常重要也会采取中间型治理的模式。中间型治理模式主要包括市场化治理、模块化治理、关系型治理、领导型治理、科层式治理五种类型。在产业链纵向治理中还受到交易的复杂性、信息的可编码程度和供应商能力的综合影响,通常来讲,交易信息越复杂、可编码程度越高,越容易采用趋向科层式的治理方式;反之则容易采用市场化的治理方式。标准化产品和服务通常来说交易的复杂性较低、信息的可编码程度较高,较为适用市场化的交易方式;而非标准化的产品与服务,其交易复杂性、资产专用程度则往往较高,需要高度的协调,交易成本较高,易于采用内部一体化的方式。然而,交易成本高并不意味着必然的治理一体化,比如,交易信任、声誉、区域伦理等也都会影响治理方式的选择。同时,企业能力理论也告诉我们,即使是一体化程度再高的企业,也不可能具备将所有生产环节纳入企业内部的技术和管理能力。某些情况下,企业在形成产业链上某一生产环节能力的过程中,如果难度较大、时间较长、可能性较小,可能会求助于外部企业。在治理模式的选择上,要根据交易的复杂性、交易信息的可编码程度以及供应商的能力等三个方面对交易内容予以区分,以选择与之匹配的治理模式(张雷,2007)[88]。

在体育赛事媒体版权产业链运作中,上游的优质赛事资源对于多数赛事传媒来说,通常是由于企业能力的限制难以在短期内进行布局,存在较大的一体化难度,因此当前主要采用的是错位化的自主生产方式。而对于下游市场来说,其则具有较强的供应商优势,能够进行较好的一体化发展。

5.2 体育赛事媒体版权产业链的运行机制

体育赛事媒体版权产业链良好的运行离不开必要的机制设计和制度安排,刘贵富(2007)[14],袁艳平(2012)[55],邢彦辉(2017)[89]等从不同的角度对产业链的运行机制进行了探讨。笔者在现有研究成果的基础上,结合我国体育赛事媒体版权产业链的运行特征,提炼出包含运行动力、运行基础、运行核心、运行关键、运行手段、运行保障的六大机制(见图 5-1)。

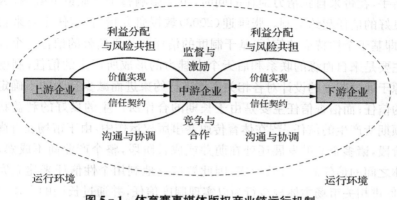

图 5 - 1　体育赛事媒体版权产业链运行机制

5.2.1　运行动力:产业链各主体的价值实现

产业链的核心形式就是价值链,即在产业链的各环节运营中实现价值增值的过程。体育赛事媒体版权产业链的发展动力就是要很好地实现产业链条各环节企业主体的价值增值,并且这种增值要超过非产业链运作的状态。从目前来看,上游优质的国产体育赛事版权供给不足,版权获取中存在着恶性竞争,无形中提高了赛事所有者的议价权,提升了前端的成本;中游环节整体的体育内容生产能力、开发水平还有待于提升;下游的衍生品市场开发还不够。更为重要的是,我国体育赛事媒体版权市场的核心观众(用户)人群尚未有效培育,而大众传播理论告诉我们,传媒所具有的"涵化"价值在公众的体育意识、观赏习惯中具有重要的影响作用,而这些必须通过社会整体传播的实现,而不是某一媒体单兵作战就能够达成的。因此需要产业链各主体积极投身到体育社会文化的营造中,壮大体育赛事观赏与参与的市场。只有将总体市场做大,才能够为产业链条上各关联企业带来共赢的利益,这对产业链各主体都有着积极的意义,同时这也符合当下全民健身国家战略的诉求,能够更好地体现媒体的社会责任。

5.2.2　运行基础:产业链各主体的信任契约

产业链要展开良好的上下游合作必须建立良好的相互信任,没有信任各产业链主体不敢贸然合作,或者说虽然是合作,但在合作的过程中相互猜疑、留有后手,在带来自我精力损耗的同时,也会影响整个产业链的效率,因此要建立良好的信任契约机制。张维迎(2003)教授研究指出,信任主要来自三种类型,即基于个性特征的信任、基于制度的信任和基于信誉的信任。个性化的信任主要是来自血缘的联系和后天个人魅力的形成所产生的信任;制度化的信任源于通过制度的设计对各相关主体进行约束进而减少行为的不确定性所带来的信任;而信誉信任主要是由于长期的合作所产生的良好的利益状态和利益预期所产生的信任。[90]在体育传媒赛事版权运作中,由于市场发育尚处于初级阶段,诸多企业的发展还处在萌芽或成长阶段,整个产业尚不成熟,产业链主体之间的信任尚未有效形成,因此要广泛地利用个性信任来建立完善的制度,促进相关市场主体规范行为以实现制度信任,并通过长期的合作最终形成信誉信任,促进信任体系的生成。

5.2.3　运行核心:利益分配与风险共担合理

产业链运营中各参与主体都是追求获得利益的最大化,任何的参与者都不会为了其他伙伴的利益实现而一味牺牲自己的利益。赛事媒体版权产业链的运营能够带来产业链整体效率的提升,但这并不意味着节点参与的各相关主体都能够获得风险和投入匹配的利益分成,利益分享和风险分担如果设计不佳就会影响产业链的发展,因此必须建立合理的利益分享和风险分担、共担机制。从市场的现实情况来看,在产业链体系中往往是通过中间产品的价格来实现利益分享的,当然中间产品如赛事媒体版权的价格越高越有利于赛事所有者,而对于运营媒体来说则提高了成本,削弱了利益空间,如果在后续的开发中无法实现盈利则有可能退出赛事版权的争夺从而不利于整体的发展。因此要借助于现有相对较为成熟的投入比例分配法、平均分配法、协商谈判分配法、风险和投资额承担比例分配法(Attarant M,1986)[91]等进行产业链利益和风险机制的设计,做到投资与收益匹配、风险与利益均衡。

5.2.4　运行关键:产业链主体的沟通与协调

产业链各参与主体是独立的经济个体,为了追求自身利益的最大化,不可避免地产生利己行为,往往会导致产业链主体之间的矛盾。比如,中超联赛为了保证后备人才的发展制定了 U23① 政策,而这一政策可能会带来联赛观赏质量的下降,从而降低版权运行的价值,进而引发体奥动力和中国足协的冲突,既影响双方的友好合作,也影响产业链的稳态运行。契约信任机制、利益分享和风险分担机制在一定程度上约束着各方的行为,但在整个市场环境中随时发生着各种新的变量,这就需要建立良好的沟通与协调机制,更为灵活和高效地处理各种突发和制度性约束以外的不确定性风险。研究表明,产业链冲突往往是因为目标的一致性被破坏、利益出现不一致、投入与收益不匹配等情况出现,我们能够看到建立良好的沟通与协调机制就是要实现目标一致、利益协调、协商畅通,而这一机制往往需要产业链中居于"链主"地位的媒体或者赛事公司等进行构造、指导、组织和实施。

5.2.5　运行手段:产业链主体的竞争与合作

产业链的运营是将产业链的上、下游整合起来的中间组织形态,处在不断的演化之中,演化的目的是推动产业链的升级和企业获益能力的提升,而竞争与合作是促进这一演化的手段。在体育赛事媒体版权运行中亦是如此,产业链的形成并不是将所有的关联企业都打包于其中,而是在"链主"企业的主导下逐渐形成和发展的。在这一过程中,"链主"企业会根据需要选择合适的企业进入"链位",各"链位"的企业与竞争对手时刻保持着竞争的状态,产业链的生成和发展是一个"优胜劣汰"的过程。而这一过程迫使各环节的参与者不断进行着赛事运营的创新、节目制作的研发、用户产品的丰富、播出平台的优化,等等,因此在产业链运作的过程中要保持"竞合"的战略定位。在产业链运行中的合作大致可以沿着两个思路进行,一是不同层级之间的合作,即上游与中游、中游与下游、上游与下游之间的合作。比如,万达体育(中游)与中国足协(上游)合作举办了"中国杯"这一国际 A 级足球邀请赛。二是同一层级之间的合作,目的是发挥各自特长,实现利益最大化。例如,央视在拿到俄罗斯世界杯转播权之后将其分销给优酷和咪咕两大网络平台,同时内容生产者通过合作实现了传统媒体与新媒体平台的优势互补和渠道贯通,为用户提供了更便利、更优质的赛事服务。

---

① U23 政策是《U23 球员参加 2018 年中超、中甲联赛相关规定》的简称,它是中国足球协会面向中超、中甲等国内足球联赛颁布的关于球队球员及上场构成比例、人数等方面的规定性要求,并要求自 2018 年起执行。文件中的重要内容之一即"U23 球员的实际累计上场人次不得少于本队外籍球员实际累计上场人次"。后随着联赛的进行,该政策有部分调整。

5.2.6　运行保障：产业链制度化的监督与激励

产业链运行能够为参与主体带来分享产业链剩余价值的机会，但这种利益的获得并不是"无为而治"的，在产业链运作中也存在着诸多可能的负面问题，影响产业链总体剩余价值的提升。从产业链运作的经验来看，企业进入某一产业链的目的是为了获取更多的利润。为了最大可能地提高自身的价值，企业会从自身的利益最大化出发，利用自身的信息、技术、渠道、社会资本等优势采取某些违背产业链整体利益或者其他链位企业利益的行为，或者未实施产业链通过沟通与协调、信任机制、利益分享和风险共担机制所确立的应有行为，采取了有违道德的"偷懒行为"或吸食产业链利益的"搭便车行为"。近年来，在体育赛事媒体版权运行中所出现的各种版权问题已经严重影响了产业环境，比如，"新浪网诉凤凰网直播中超赛事案""中视体育诉广州电视台案件"等发出了对市场监管的强烈需求。因此必须建立高效的监督与激励机制以规避上述现象的出现和惩戒相应的行为，比如，可以建立偷懒企业黑名单数据库，建立节点企业收益匹配行为制度、建立价格激励、订单激励、商誉激励甚至淘汰惩戒等制度。

第 6 章 我国体育赛事媒体版权产业链的运行生态与运行逻辑转向

6.1 体育赛事媒体版权产业链运行生态的 PEST 分析

PEST 分析是对企业或产业所处的宏观环境进行系统分析的一种方法，是指影响一切行业和企业的各种宏观力量。其中，P（politics）是指宏观政治政策环境；E（economy）是指宏观经济环境；S（society）是指宏观社会环境；T（technology）是指宏观科学技术环境。虽然对宏观环境因素进行分析时，由于不同行业和企业会根据自身特点及经营需要来进行，因而分析的具体内容会有所侧重和差异，但一般都会对这四大类影响企业主要外部生态环境的因素进行分析。体育赛事媒体版权产业链的运行发展与其所处宏观生态环境息息相关，受其影响较大，因此运用 PEST 法对体育赛事媒体版权产业链运行的生态环境进行系统分析十分必要。

6.1.1 经济环境

近 5 年来，我国经济宏观面向整体良好，稳步发展。国内生产总值、国民总收入及人均国内生产总值连续 5 年保持平稳快速增长，2019 年，我国人均国内生产总值为 70 892 元，按年平均汇率折算达到 10 276 美元，稳居中等收入国家行列，与高收入国家的差距进一步缩小，见表 6 - 1。年末总人口数于 2019 年首次突破 14 亿大关，人均居民可支配收入同步快速增长，2019 年全年全国居民人均可支配收入突破 3 万元大关，扣除价格因素实际增长 5.8%，与经济增长基本同步，与人均 GDP 增长大体持平，见表 6 - 2。与收入增长同步的是近 5 年来我国居民消费指数不断上扬，2019 年居民人均消费达到 27 563 元。

表 6-1　2015—2019 年国内生产总值、国民总收入、人均国内生产总值情况

指　标	2015 年	2016 年	2017 年	2018 年	2019 年
国内生产总值/亿元	688 858	746 395	832 036	919 281	986 515
国民总收入/亿元	686 256	743 408	831 381	914 327	984 179
人均国内生产总值/元	50 237	54 139	60 014	66 006	70 581

注:数据来自国家统计局官网。

表 6-2　2015—2019 年我国居民人均可支配收入情况

指　标	2015 年	2016 年	2017 年	2018 年	2019 年
居民人均可支配收入/元	21 966	23 821	25 974	28 228	30 733
城镇居民人均可支配收入/元	31 195	33 616	36 396	39 251	42 359
农村居民人居可支配收入/元	11 422	12 363	13 432	14 617	16 021

注:数据来自国家统计局官网。

在宏观经济大环境向好发展的基础上,体育及体育赛事产业发展迈入加速快车道。普华永道面向全球的 2019 年体育行业调查报告显示,过去 3～5年全球体育市场平均增长率达到 7.4%,预期未来 3～5 年至少保持 6.4%的增长率。该报告还显示,中国继续在全球体育市场中扮演着增长领军者的角色。从 2013 年开始,中国体育产业增加值增长率持续跑赢本国 GDP 的增长,中国数字体育也进入了高速发展期。在收入来源方面,数字媒体版权预计将成为总体增长的关键动力,未来 3～5 年的增长率预计将达到 9.7%。根据经济发展规律及多国历史经验来看,伴随着居民可支配收入突破 3 万元大关而来的是居民消费进入 2.0 时代。消费结构日益丰富,消费水平不断提高,首当受益的便是体育消费,尤其是体育赛事消费,因为它能满足人们精神文化需求,是融情感性、体验性、娱乐性、时尚性为一体的进阶版消费选项。

近 5 年来我国数字经济的繁荣带动了互联网资本迅速崛起,开辟了全新的体育赛事版权领域——新媒体版权。例如,腾讯、阿里、新浪、爱奇艺、PP 视频、乐视、苏宁等互联网企业以体育赛事版权为切入口,谋求新商业模式制高点,推动了体育赛事产业竞争进一步白热化,加速了数字版权市场膨胀走高。

在全球化成为全球人民普遍共识的当下,我国继续高举改革开放大旗,国际贸易频繁,国际经济往来密切。这些使得体育赛事媒体版权产业受益颇深,促使国际顶级体育赛事版权在国内流通,同时也使得我国体育赛事媒体版权相关公司走出国门,向版权产业链上、下游延展,积极参与国际赛事公司并购、

交易活动。比如,成立于 2015 年的万达体育通过收购直接控股赛事公司,首
先入股马德里竞技俱乐部,又以 10.5 亿欧元的价格并购了瑞士盈方体育传媒,
同年 8 月以 6.5 亿美元收购了世界铁人公司(WTC)。

6.1.2　政策环境

近年来,国家高度重视体育在社会发展、人民幸福以及国际竞争中的积极
作用,看到了体育产业在经济结构调整、产业发展升级、扩大内需、促进就业以
及全面建成小康社会方面的重要作用,提出“健康中国”战略、“体育强国”战略。
以顶层设计驱动体育事业的发展,将体育产业发展的重要性上升到前所未有的
高度,进而为体育赛事媒体版权产业的发展创造了难得的政策环境。相关战略
落实到微观垂直领域,体现在各级各部门纷纷制定有利于体育赛事产业发展的
专项利好政策上,有力地扫清了体育赛事媒体版权产业发展中的障碍与限制性
因素,具体政策、规划及指导意见见表 6 - 3。特别是《国务院办公厅关于加快发
展体育竞赛表演产业的指导意见》《关于加快发展体育产业促进体育消费的若干
意见》等政策文件,大大推动了我国体育赛事媒体版权产业的发展。

表 6 - 3　体育赛事产业相关指导意见或政策规划名录(不完全统计)

时　间	名　称	单　位
2014 年	《关于加快发展体育产业促进体育消费的若干意见》	国务院
2016 年	《体育发展“十三五”规划》	国家体育总局
	《中国足球中长期发展规划(2016—2050 年)》《山地户外运动产业发展规划》《水上运动产业发展规划》	国家发改委、国家体育总局等
	《航空户外运动产业发展规划》《冰雪户外运动产业发展规划(2016—2025)》《自行车户外运动产业发展规划》	国家体育总局、国家发改委等
	《关于加快发展健身休闲产业的指导意见》	国务院办公厅
	《关于大力发展体育旅游的指导意见》	国家旅游局、国家体育总局
	《关于进一步扩大旅游文化体育健康养老教育培训等领域消费的意见》	国务院办公厅
	《全民健身计划(2016—2020 年)》	国务院

时　间	名　称	单　位
2017 年	《关于支持社会力量举办马拉松、自行车等大型群众性体育赛事行动方案(2017 年)》	国家发改委等
	《体育产业发展"十三五"规划》	国家发改委
2018 年	《国务院办公厅关于加快发展体育竞赛表演产业的指导意见》	国务院办公厅
2019 年	《体育强国建设纲要》	国务院办公厅
	《武术产业发展规划(2019—2025 年)》	体育总局、文化和旅游部等十四部委

在以上战略、政策、规划及指导意见的刺激下,近 5 年,我国体育赛事产业发展突飞猛进,体育赛事媒体版权市场也急剧膨胀。但过速发展也暴露出当前政策环境在支持体育赛事版权产业发展上的一些短板。比如,进入新媒体时代,体育赛事产权保护、侵权界定等政策亟需与时俱进重新调整与解释,否则难以很好地应对赛事版权领域出现的新纷争。目前仍然有一批历史政策仍然发挥着作用,成为产业链条激活的壁垒以及抑制市场良性竞争的限制性因素。

在国际政治领域,国际局势总体向好,各国友好的政治往来为体育赛事媒体版权创设了良好的政治环境。但同时我们仍然要看到,国际关系中仍然存在着各种不稳定的风险因素。比如,个别国家的霸权主义,某些组织、个人企图利用体育政治化的行为,都是阻碍体育赛事媒体版权产业发展的政治环境因素。

6.1.3　社会环境

首先,体育赛事媒体版权的受众环境发生重大变迁,特征显著。伴随着居民人均可支配收入跨越式的提升,居民的体育消费习惯得到培养,体育消费理念逐渐深入人心,体育赛事消费支出开始增长。但是在体育赛事版权消费方面,我国受众呈现出以下显著特征:

① 虽然体育赛事媒体总人口不断增加,但传统媒体赛事版权人口老龄化问题突出,年轻人口流失明显。

② 传统体育消费理念有待于转变。受众免费消费的消费观念和消费期待较强,短时期内体育赛事版权的付费模式仍难以普遍推广。

③ 受众媒体版权接触行为发生了重大变化,多屏幕、多平台、多终端成为常态,体育赛事媒体版权消费中以"参与"与"再生产性"为主要特征的消费者——"产消者(prosumer)"群体日益壮大。

④ 体育受众海外流失显著。表现在对国外赛事媒介产品的霸屏性关注,以及对国外赛事衍生品的倾向性消费。比如,NBA、英超等在国内的体育迷规模过亿,国内很少有能与之匹敌的联赛。

其次,体育赛事媒体版权发展的社会体育氛围不断加强。伴随着"体育强国"战略、"健康中国"战略以及"全民健身"战略等理念深入人心,以及近年来全球顶级赛事供给不断,国内赛事迅速增多,提质增量,且 2022 年冬奥会日益临近,全社会体育氛围、体育参与的热情不断高涨,这为体育赛事媒体版权的发展创造了良好的风向环境。

最后,体育赛事媒体版权的基础设施环境不断优化。伴随着我国城市化的不断推进,城乡基础设施不断完善,支撑体育赛事产业发展的相关基础设施也在不断完善,体育场馆、体育场地不断兴建改善、设备设施不断增长,夯实了体育赛事繁荣的基础土壤,为赛事活动的展开创设了良好的基础设施环境。

6.1.4　技术环境

新型数字化、网络化、智能化科技浪潮重构了我国体育赛事产业生态并促进了体育赛事媒体版权产业发展的技术环境进步。这主要表现在以下方面:

① 计算机技术及网络技术大大延展了赛事版权传播的平台与载体。特别是移动互联网的发展,使得传统媒体时代只有特定时间、特定地点、特定渠道、特定的人才能接收的赛事内容变成了任意时间、任意地点、任意渠道、任意的人都可以接收。体育媒体版权的平台与载体、场景与渠道都得到了很大拓展。除了传统央视 CCTV5 以外,腾讯体育、咪咕视频、PP 体育,甚至新浪微博、虎牙直播、哔哩哔哩、抖音、快手等都是人们接收体育赛事的新型平台,受众也被除了电视机以外的电脑、平板、手机、户外 LED 屏幕、楼宇媒体等新型终端所包围。

② 人工智能、物联网等技术为打造人工智能全息场馆提供了可能,打破了场馆内外、线上线下、虚拟与真实之间的界限,并极大地拓展了赛事媒体版权内容的总量,丰富了体育赛事演播室的表现力,满足了用户观赛更高层次的收视需求。比如,西甲是全球唯一对英特尔 TrueView 技术开展应用的联赛,它在体育场馆内永久安装了 38 个摄像头。这些摄像头所拍摄的视频通过服

务器进行处理,输出的图像可使人们从任何位置或角度观看比赛的回放,同时依靠运算系统能够计算出每名球员的速度等数据,并将其实时显示在直播画面中。在多种技术的加持下,现在的比赛转播越来越像是在游戏中一样。

③ 5G 等移动网络传播技术将进一步打破网络传输的管道限制,为体育赛事提供高清、稳定、流畅的传输信号。现如今 5G 技术已经运用在平昌冬奥会、俄罗斯世界杯等赛事中,预计将会普遍应用为体育赛事媒体转播的底层支撑技术。

④ 新型媒介传播技术也进一步丰富了体育赛事内容传播的表现形态。除了传统的视频文本以外,越来越多的体育赛事版权持有者利用相关技术开发 VR 版本、AR 版本,极大地延展了赛事表达的边界,给受众带来全新的沉浸式观赛体验。此外,计算机网络技术和媒介传播技术还开创了线上体育的新高潮,电子竞技赛事日益成为风靡全球的版权新秀,估值惊人。但是,迅速发展的技术同时也带来一些黑科技直接损害体育赛事媒体版权的传播,比如,以盗取转播链接形式获取非法收益,这是版权交易过程中要严厉打击的不法行为。

6.2　体育赛事媒体版权产业链运行的逻辑转向

6.2.1　产业链的基本发展模式

产业链生成与发展的模式是引导新产业链培育与发展的重要参考。目前对产业链形成与发展模式的研究主要从产业链的形成方式、形成机制、企业间的关系等几个维度进行。从形成方式的维度来看,它主要有资源带动型、需求拉动型、技术推动型、综合联动型四种类型;从形成机制的维度来看,它主要有自发的内生性模式和外源性的他组织形式;从企业间关系的维度来说,它主要有产品导向型、市场导向型、资源导向型三种类型。形成方式对体育赛事媒体版权产业链的形成具有重要的参考意义。资源驱动型产业链是指资源在产业链形成中具有绝对主导性的地位,通常来说,能源、矿产类行业属于此类;市场导向型产业链是指市场是产业链发展的主要驱动力,在市场导向型产业链中往往具有较强市场掌控力的核心企业;技术推动型产业链其"技术"的引领是产业链的关键要素,技术的投入、产出和引领性起到至关重要的作用,电子信息、人工智能、虚拟现实等新技术行业往往属于此种类型;需求拉动型产业链发展模式是指消费者在产业链的形成中占据决定性的地位,是产业链发展的逻辑起点和目标。

近几年,我国体育赛事媒体版权产业链主要集中在"资源端"的掠夺和卡位,但实践已经证明,这种资源的卡位并没有形成很好的商业模式,反而是给诸多的市场主体带来了赛事版权购置价格高企、商业模式不够清晰、版权变现乏力等等问题,严重影响了产业链的形成,进而影响整个体育传媒产业乃至赛事产业的良性发展。

6.2.2　资源导向:我国体育赛事媒体版权运行的现行状态

我国体育赛事媒体版权运行产业链表现出了较为突出的资源导向的局面,资源驱动是产业链形成的重要形式之一。从相关产业的发展来看,资源导向往往是对自然性的、不可再生的资源的利用,如石油、天然气、矿产、农业基础等资源条件,且在人类发展进程中体现为某种程度的不可再生和必须消费的特性。近些年,我国体育赛事媒体版权领域存在广泛的"跑马圈地"的做法,试图通过资源占有获得垄断优势以促进产业链的形成遭遇了困境。由于体育赛事媒体版权在资源的属性上不属于不可再生和必需消费品,因而该路径带来了诸多的问题。

1. 资源导向的表现:体育赛事版权的囤积与价格畸高

近几年,在赛事版权市场运作中,资源导向主要体现在各类赛事版权的囤积和围绕这一战略所带来的版权购置价格畸高等方面。在整个体育产业和体育传媒发展中,体育赛事无疑处于产业链的上游,诸多的市场主体力求通过赛事版权的囤积获得"垄断地位"。比如,乐视体育曾经一度拿下了超过 310 项体育赛事的转播权,其中 72％是独家权益。[92] 又如,PPTV 聚力传媒也持有超 300 项赛事的版权资源,包括西甲(独家)、德甲、欧冠、国际冠军杯、UFC、NFL、WWE、UFC 等各大赛事。[93] 为了获取各类优质的赛事资源,市场主体在过去的两年中疯狂竞逐,赛事版权价格不断高涨。根据公开数据的统计,腾讯体育获得 NBA(2015—2020 年度)大陆地区独家网络播放权的价格为年均 1 亿美元,比上一期合同溢价 400％;新英体育购置英超大陆地区全媒体播放权(2013—2019 年度)的价格为年均 1.67 亿美元,比上一期合同溢价 51％;乐视体育购置英超香港地区独家转播权(2016—2019)的价格为年均 1.33 亿美元,比上一期合同溢价 100％;PPTV 体育购置西甲(2015—2020 年度)中国区独家全媒体版权的价格为年均 0.5 亿欧元,比上一期合同溢价 400%。[94] 在全球金融危机尚未复苏,经济尚不景气的大背景下,这种幅度的普涨体现出了一种资源的导向和资本的狂热。

2. 资源导向的问题:体育赛事媒体版权的购需脱节与资本逻辑

我国的体育赛事媒体版权购置的过程中存在着较为严重的购需脱节问题。从诸多市场主体所采购的赛事版权来看,我们能够发现,有很多的项目在国内几乎没有消费基础,或者说消费基础极其薄弱,比如,小轮车赛事、自行车赛事、跑步赛事等尽管有着较好的群众参与度,但从媒体运作的角度来看,其观众基础极为薄弱。从供需理论来看,供给匹配需求是实现市场价值的前提,也是企业在市场运营中的不断追求。而目前我国诸多体育媒体在赛事版权采购的过程中存在着较为严重的赛事采购与广大媒体观众或用户需求不相匹配的问题。正如笔者在 2016 年《体育赛事版权引进热的冷思考与应有方略》一文中所强调的那样,在我国的体育赛事媒体版权获取中存在着贪多求全、购销脱节等问题(王凯,2016)[71],加重了体育赛事版权运营与变现的难度。在资源导向的运作逻辑中还存在着一定的"意在资本、而非版权"的问题,与体育赛事版权火爆几乎同步的是我国金融市场的开放,诸多市场主体在赛事版权采购中考虑的并不是版权获取后的运营变现,而是通过资本杠杆所带来的高溢价价值,这种逻辑在资本市场逐渐收紧(IPO)、制度日益规范的背景下遭受了严重的困境,也严重挫伤了体育赛事版权市场的健康。

3. 资源导向的困境:体育赛事媒体版权的变现乏力与话语缺失

在资源导向的运作思路下,体育赛事版权的购置价格不断推高,其带来的是成本的急速提升,而对于体育传媒来说,媒介运行与其他领域存在着巨大的不同,赛事版权的获取还只是个开始,赛事版权获取后既可以通过版权分销直接进行一定的变现,也可以围绕赛事进行节目(信息产品)的制作、播放,到达消费者,通过消费端的直接付费收看(听、用)或通过节目吸引观众(用户)进行广告二次开发进行变现等。在赛事版权转化成媒介节目这一过程中需要大量的技术、人才、平台等的支撑,新兴的媒介公司往往具有雄厚的资本,但在人才团队和媒体运作规律上的把握不够,致使很多的赛事版权无法高效率地转化成高质量的媒介产品,也就无法吸引足够的媒介产品消费者,导致运营变现乏力。不仅如此,在这种资源驱动的运行路径下,也存在着严重的话语权缺失的问题。媒体(媒介公司)通过高价获取赛事的版权、进行二次销售或媒介产品的开发,其所获取的往往是协议约定期限内的使用权。在合同约定期内,做得不好会导致自己的成本回收乏力,做得好尽管在短期能够获得收益,但终究是为他人做嫁衣,当合同到期后就会失去赛事的"话语权",依然是受制于赛事的所有者,而且会形成赛事运作得越好、影响力越大,下次获取赛事版权的成本往往就会越高的悖论。

6.2.3　需求驱动:我国体育传媒赛事版权运行的转向状态

1. 我国体育传媒赛事版权运行需求驱动的意义

作为社会生产的部门,任何产业的形成与发展都离不开市场需求的拉动(当然这里所强调的市场需求是有效需求)(董树功,2012)[95],体育赛事媒体版权产业链的形成与发展同样离不开市场需求的拉动。实践已经表明,近些年,赛事媒体版权领域所采取的"资源导向"的运作思路已经暴露出种种弊端,甚至导致了相应市场主体的倒闭,在此背景下确立"市场需求导向"并在整个产业运作中很好地贯彻执行具有积极的意义。

（1）有利于提前发现目标市场

从目前的市场运作实践来看,诸多的主体尤其是互联网媒介大佬和以资本介入的媒介企业在版权囤积的过程中,更多的是着力于赛事版权的获取,而对赛事版权的产品转化、运营和观众市场状态的考虑较为欠缺,致使赛事版权获取后,一方面,运营团队和人才不足,产品开发不足;另一方面,具体的消费端不明朗,最终导致变现乏力。而"市场需求导向"是提前了解用户需求,根据用户需求和自我的运营实力选取匹配性较强的赛事版权,能够提前锁定目标市场,提升运营的效率。

（2）有利于集中资源进行媒介产品的开发与发行

任何一个新兴行业的发展都离不开强大的人力、物力、财力的支持,当前在我国的体育传媒版权市场中,诸多的媒介主体将大量的物力、财力聚焦于前端版权资源的采购,而对终端的技术投入、体育媒介产品研发、运营人才等的投入不够,严重影响了 C 端需求的满足和体育媒介产业核心竞争力的形成,不利于行业的发展。而"市场需求"的转向以消费端的需求满足为出发点,需求端对赛事的需求往往相对聚焦,这样在赛事版权采购中就可以有选择性地采购,节约购置的成本,同时将更多的财力、人力用于赛事关联产品的研发、生产、制作、发行上,能够促进体育传媒产业链核心竞争力的形成。

(3) 有利于消费者参与体育传媒产品生产

这是一个"众媒时代",传媒中心已经被去中心化,每个人都可以既是信息的接受者,又是信息的生产者,用户参与生产已是当今媒介运营的重要手段。而建立需求导向能够更好地发现、挖掘用户在体育传媒产品生产中的价值,提高用户互动和参与度,提升获得感,在丰富体育传媒产品的同时,降低传媒生产与运营成本,最终促进体育赛事媒体版权的变现和体育媒介产业竞争力的形成。

2. 我国体育赛事媒介产品的消费需求分析

需求是指消费者在一定时期内,在各种可能的价格水平下愿意而且能够购买的该商品的数量(高鸿业,2011)[96]。体育赛事媒介产品的需求就是消费者对各类媒体所提供的体育赛事信息、体育赛事转播、关联明星访谈、真人秀及其他各类赛事关联衍生媒介产品等的消费意愿和能力。体育赛事媒介产品的需求受到媒介产品的自身属性、体育赛事的群众基础和影响力、消费者自身的消费偏好与水平等影响。从目前的总体形势来看,我国的体育赛事、体育赛事媒介产品的消费需求还处于较为薄弱的阶段:付费收看作为西方国家体育传媒收入的重要来源,在国内尚未形成有效的群众基础;免费收看所吸引的观众人群也未能形成与人口相匹配的庞大市场,体育赛事观赏尚未成为普遍性的生活方式,这些都严重影响着我国体育赛事媒体版权的良性运行。市场需求导向是我国体育赛事传媒产业链生成的应有思路,要想更好地促成需求的达成,则有必要对目前我国体育赛事的消费需求状态进行分析。

(1) 传统文化约束体育赛事观赏习惯的养成

赛事观赏(包括关注)文化的养成必须植根于特定的体育文化语境当中,而体育文化的形成需要特定的地理环境和文化、政治、社会传袭,同时要有适合相应文化形成的现实土壤。我国历来秉承儒家文化,学而优则仕是历史传承的被人们所认知的通达的最有效路径。时至今日,应试教育也似乎是传统科举制度的现代演绎,无论是学生还是家长,在应试教育的指挥棒下不辞辛苦,学校和家长都更加地关注学生的文化成绩,少数学生参加体育锻炼并决定走体育生的道路也往往出于无奈之举。在这种话语体系和文化认知中,体育往往被置于边缘的地位,体育的社会认同度尚未有效地形成,人们对体育的价值认知还较为肤浅,体育的价值尚未有效地彰显,自然就影响着人们的体育意识和体育参与。心理学理论阐述了人们行为的内在机理,即意识决定态度,态度决定行为。而现实的环境影响着人们对体育的意识,进而影响态度和行为,自然也就影响着人们体育赛事媒体消费习惯的养成。

(2) 体育媒介产品难逃"幸福悖论"语境

经济学指出,"财富增加将导致福利或幸福增加",这一理论常常激励着国家、社会、组织、个人不断地通过各种手段增加财富。国家通过各种制度设计来调动社会、企业等创造财富以增加国家财富;企业通过市场开拓、资本运作、劳动剥削等来榨取剩余价值;公民个人通过不断的劳动付出来提升个人待遇、积累个人财富,力求改变生活。而事实给了我们一个与人类愿望相反的结果:物质财富的增加并没有带来人们幸福感的相应提升,甚至出现了下降的趋势,这就是著名的"幸福悖论"(孙丽文、杜鹃,2016)[97]。我国改革开放 40 年的成果,国家财富急剧增加、国际地位迅速提升、外汇储备规模庞大,老百姓的平均收入不断增多,似乎一片欣欣向荣,但老百姓的幸福感指数并没有得到想象中的对应提升。在"幸福悖论"的语境中,学界所强调的参照西方国家的当人均GDP 超过 5 000 美元、8 000 美元就会进入休闲社会的基本论调,似乎在我国并没有如期到来,根据马斯洛的层次需求理论,精神消费属于人类需求中的高层次消费,是非必需的消费,体育赛事媒介产品属于精神消费内容,属于非必需品。在目前的整体发展阶段,体育赛事消费、体育赛事媒介产品的消费还远远不够。

(3) 体育赛事媒介产品遭受媒介泛娱乐化冲击

娱乐是人的本源性的需求,大众传媒在各种新兴技术和激烈竞争的媒介生态环境中为了提高收视率、提高经济效益,不断通过各种手段满足着人们的娱乐化需求,媒介的娱乐功能实现了颠覆性的逆袭,远远把媒介的信息功能、传承功能以及社会监督、文化教育等功能甩到了身后,媒介的泛娱乐化高歌猛进(马正华,2015)[98]。正如批判学者阿道司·赫青黎在《美丽新世界》一书中所描绘的景象,"大众文化正在努力成为充满感官刺激、欲望和无规则游戏的庸俗文化,成为一场滑稽戏"(尼尔·波兹曼,2011)[99]。而正是这种庸俗具有着广泛的受众吸引力,在人们娱乐需求崛起的今天,体育媒介产品在娱乐化运作中的娱乐性融入不足,加之其他媒介产品娱乐性的推陈出新,体育传媒产品需要面对各类影视节目、电视真人秀、娱乐综艺等的冲击。加之体育赛事的受众培养需要一个漫长的过程,相较于娱乐节目来说门槛较高,使得体育赛事媒介产品在观众(用户)竞争中处于劣势的地位,这也是我国体育赛事消费需求不足的一大重要因素。

6.2.4 我国体育传媒赛事版权产业链需求驱动的路径

1. 思维转向：从市场瓜分到市场培育

2014 年 10 月，国务院印发了《关于加快发展体育产业促进体育消费的若干意见》(国发〔2014〕46 号)的文件，文件以促进体育消费为名，力求通过各种政策优化来引导和培育体育消费的市场，文件的发布说明了我国体育消费市场的薄弱。诸多体育消费研究的学者也同样指出了我国体育消费目前所处的低水平状态。体育赛事消费和体育传媒产品消费身处体育消费的大环境中，也同样面临着诸多的问题：以我国较为发达的长三角地区为例，居民的体育消费支出不高，消费中以运动装备等实物消费为主，观赏型体育消费严重不足，潜力巨大(黄海燕、潘时华，2017)[100]。显然体育赛事属于观赏性消费类型，其市场基础可见一斑，而赛事的观赏对于整个体育产业、体育事业而言处于前端，对其他领域具有重要的影响。正因如此，当前我国体育赛事观赏市场需要大力地进行培育，要做大市场，而不是在很小的市场中进行透支性的瓜分。在当前的市场中进行瓜分既不利于体育赛事公共属性的实现，也不利于体育文化氛围的营造，影响赛事对广大民众的体育意识、体育习惯、体育行为等的示范和引导作用的发挥，且不符合国家"健康中国"战略对体育健康端口前移价值的期待，更不利于体育赛事包括体育传媒产业的长远健康发展。因此，要确立培育市场大于瓜分市场的基本战略定位，在这一导向下，国家、市场、社会等各主体要充分履行社会责任职能，协同合作，尽可能地营造良好的、不断壮大的体育市场环境。

2. 战略转向：从博弈竞争到竞争合作

战略联盟、产业链协同是产业链发展和竞争力形成的重要方式，在联盟和协同的操作路径上，横向一体化、纵向一体化是常用且有效的做法(Chase 等，2002；Coase，2008)[101][102]。目前在我国体育赛事媒体版权运作的整个产业链中，之所以出现了赛事版权价格高企、媒体运营变现乏力等问题，很重要的一个原因就是诸多的产业链主体缺乏合作思维，充满过度竞争态势。这种重竞争、轻合作的战略状态存在于各个环节：在上游环节的赛事版权的引进端，我国的传媒主体(以乐视体育、腾讯体育、阿里体育、PPTV 体育、体奥动力、新英体育、当代明诚等为代表)缺乏合作思维，相互厮杀，无形中推高了赛事的版权价格,获益的是版权的所有者,而带来的是自身的成本高企和国内体育赛事版权市场良性环境的损害;在版权获取后的开发阶段,人力资源、物力资源、技术资源等环节的资源共享、成果分享、市场联合开发等做得还不够。这些都无形中加重了竞争的成本,带来的是运营成本的提升。从过去两年的市场中,我们能够发现共享或许是当下我国诸多赛事版权主体应有的战略转向,苏宁体育与 PP 体育、当代明诚等的合作也体现出了这一态势。体育赛事媒体版权产业链应建构"竞合思维"。

3. 机制设计:建立需求驱动传导机制

需求驱动产业链的形成与发展,显然要体现需求在产业链发展中的地位和作用,应该建立完善的需求发现、需求培育、需求响应、需求反馈、需求参与的机制(见图 6-1)。需求发现是指各产业链链位企业要通过广泛的调查,尤其是通过大数据技术预测和发现公众对体育赛事的需求,通过这一需求来指导赛事版权的购买或者培育,把握广大消费者对赛事产品的需求和接受习惯,并用来指导赛事关联媒介产品的研发、设计、制作、播出,基于这些环节搭建自身的人才体系、技术体系,以保障体育赛事产品的优化供给,实现良好的需求响应;通过需求响应所提供的各类媒介产品最终到达消费者(赛事观众、用户),建立观众(用户)的需求满足度反馈体系,当然当前的主要评价指标是收视率、收听率、点播量、用户流量等指标,通过需求满足度的反馈反过来指导前段各环节的调节;同时在相应的节目生产中要根据观众(用户的需求)设计人性化、便捷性的参与通道,促进用户参与生产,丰富媒介产品和内容。

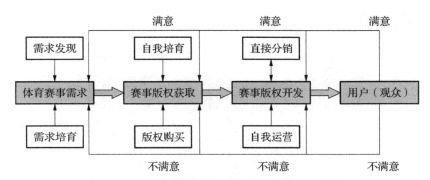

图 6-1　体育赛事媒体版权产业链需求导向简图

4. 内容生产：从专业供给（PGC）到众媒生产（UGC）

2015 年 11 月 12 日，在腾讯网媒峰会上，腾讯传媒研究院提出了"众媒时代"的概念，并对互联网发展做了基本的划分：门户时代主要指专业传播，Web2.0 时代主要指用户参与，众媒时代主要指多媒共生，众媒＋时代主要指万物皆媒。[103] 在这个时代，人人能拿起麦克风，人人都是传播者，人人都有参与的冲动和可能。对于传播者来说，传统的"传者中心"已经被瓦解，传媒的力量也越来越依赖于广大的用户，正如美国皮尤中心"卓越新闻项目"（Projectfor Excellencein Journalism，PEJ）主席汤姆·罗森斯泰尔曾说过，"在一个消费者决定他们获取什么新闻和怎样获取新闻方式的世界里，未来属于那些最懂受众的人，属于那些会利用这种知识和懂广告的人，而这些知识却存在于新闻业以外地方"[104]。也就是在媒介产品生产的过程中要更多地依赖于"非专业"的力量，在本文中也就是要充分借助需求端消费者在媒介产品中的生产力，从传统的 PGC（专业化生产）转向 UGC（用户参与生产）。当然，用户参与生产并不是说用户取代专业人士，而是相互发现、相互借力、协同供给，在体育赛事媒介产品的生产中形成"专业＋用户＋全平台"的体育媒介产品生产格局。

第7章 ESPN 体育赛事媒体版权产业链的运营及其策略

体育媒体的发展以体育赛事媒体版权为核心，分析传媒的发展能够较好地管窥体育传媒赛事媒体版权的运行特征与经验。本部分和随后几个章节将注重国内外典型实例的分析，以期更好地证明理论的适应性，同时获得实践发展的启示。下面将以全球最大的体育媒体 ESPN 为案例对象，重点考察其赛事版权运作之路。

ESPN(Entertainment Sports Programming Network)是一家极其成功的国际体育媒体。它在短短的 40 年内做到全球体育领跑者、世界上最大的体育类媒体，位列全球最具价值品牌 500 强第 223 名(2020 年)。它于 1979 年正式创立于美国康涅狄格州的布里斯托市，早期致力于美国国内 24 小时连续不断的有线电视体育娱乐频道服务。经过 41 年的发展后，ESPN 现已成为拥有多个顶级赛事版权，衍生开发多个体育栏目、体育频道、体育终端，生产多元体育产品和服务，并不断向上、下游产业链延伸发展的庞大媒体集团，其卫星信号已覆盖全球 167 个国家，播出语种超过了 21 个，高峰期全世界超过 9 000 多万家庭订阅，超过 2 亿的人口通过其卫星信号收看体育赛事。

7.1 ESPN 发展概述

7.1.1 ESPN 的启动阶段(1978—1979 年)

ESPN 正式创立并运作于 1979 年，但早在一年前，其创始人 Bill Rasmussen 和其子 Scott Rasmussen 已经开始为公司启动做了具体的筹划工作。Rasmussen 父子都是狂热的体育爱好者,幸运的是他们在即将创业的领域已经有了相关工作经验以及充分的灵感。1978 年举办世界曲棍球协会季后赛,此时 Bill Rasmussen 还是参赛队之一的新英格兰捕鲸船队的员工。由于新英格兰捕鲸船队没有发布赛事,Bill Rasmussen 作为捕鲸船队的员工发布了这一季的比赛内容。这次播报经历让 Bill Rasmussen 产生了一个大胆的想法:在康涅狄格州建立一个专注于州体育比赛的有线电视网络。

任何伟大的企业的初创孵化都是天时、地利、人和诸多条件的化学反应。除了怀有创业热情与灵感的父子企业家的驱动,ESPN 能够顺利诞生还离不开三点关键因素。

1. 卫星转播器技术

Bill Rasmussen 偶然了解到 RCA 美国通信公司推出了一个名为 Satcom1 的商业系统,它在卫星上装置一个转发器,使得观众可以通过卫星信号接收电视广播,并且可以 24 小时不间断,每个月的租金仅为 3.5 万美元(John McGuire, Greg G Armfield, Adam Earnheardt, 2015)[105]。这意味着以低成本进行全国范围转播体育节目成为可能,且在当时这项新兴技术还没有被哥伦比亚广播公司、美国广播公司和美国全国广播公司等美国传媒巨头注意到,这意味着 ESPN 如果采用将占据体育传播的先手优势。

2. 关键投资者

电视媒体行业属于资金密集型行业,初期运转需要大量的资金投入。Bill Rasmussen 发现不断透支信用卡和好友投资的融资模式难以为继,他几经寻找终于说服一家石油企业进行投资,即 Getty 公司。"Getty 公司收购 ESPN 85% 的股份,在 1979 年 2 月份为 Rasmussen 的企业注入了第一笔 1 000 万美元的投资资金。"(John McGuire, Greg G Armfield, Adam Earnheardt, 2015)[106] "Getty 石油公司预计将在两年内向娱乐体育节目电视网投资 1 000 万美元。但是到了一年之后,Getty 花了大约 6 000 万美元。"(John McGuire, Greg G Armfield, Adam Earnheardt, 2015)[107] 这些钱对于 ESPN 在初创期的存活至关重要。

3. 满足供需和产销对路

1979 年前后,全美有线电视渗透率很低、基础设施不完善,持续到 1981 年。"纽约的指定市场区域仅是所有家用有线连接电视数量的 28%,而洛杉矶仅有 23%。这些数据在其他十大市场甚至更差,芝加哥仅有 6%,达拉斯—沃斯堡仅有 1%。"（John McGuire，Greg G Armfield，Adam Earnheardt，2015）[108]有限的传播平台使得很多地方性赛事、大学生赛事无路可销，无法满足有着观赛需求的球迷和传播需求的赛事联盟，很多赛事的媒体供给受限。而早在 1978 年 Bill Rasmussen 父子就发现了这个问题：很多人气颇高的地方性和大学赛事无路可播，无处可看。于是在筹备 ESPN 阶段，就抢先与大学体育联盟等组织进行合同洽谈。比如，NCAA 的转播合同在其成立数月前就已敲定，事后效果也是一举多得，"不仅因为球迷喜欢，大学教练们也喜欢，因为他们知道只要他们的球队打入了锦标赛，下个赛季 ESPN 一定会转播至少一场他们的常规赛，而这对招生和维持校友关系有很大帮助"（乔治·博登海默、唐纳德·T. 菲利普斯，2019）[109]。

7.1.2　立足壮大阶段（1979—1987 年）

从 1979 年创立到 1987 年是 ESPN 快速壮大并稳定立足的阶段。该阶段的 ESPN 犹如一匹黑马闯入美国传媒界，并逐渐站稳脚跟。该阶段的 ESPN 更换了新东家（1984 年 ABC 分两次斥资 2.3 亿美元收购 ESPN，次年 ABC 被 Capital Cities Communications 公司收购）。同时借助政策放宽（1984 年，联邦法院决定 NCAA 不能再限制大学橄榄球比赛的转播），EPN 与 NFL 签下 3 年合约。随后与美国职业棒球联盟（MLB）、全美汽车比赛协会（NASCAR）等赛事联盟的赛事转播协议也纷纷落地，并自主制作了一批如《体育中心》《星期天橄榄球之夜》《NFL 黄金时段》等的标志性电视节目，订阅用户不断增长，成为全美最大的有线电视频道，跃入主流美国体育传媒行列，逐渐积累起较高的业界声誉和社会知名度。该阶段 ESPN 之所以能逐渐稳定并在行业立足下来，最重要的原因是，颠覆了以往的盈利模式，与有线电视运营商建立了全新的商业合作及收费订阅模式，由此顺利度过成长危机。

1982 年是美国有线电视发展的低谷期，特别是哥伦比亚广播公司因运行仅一年的艺术与文化有线频道亏损 3 000 万美元而宣布关闭时，美国有线电视公司股价应声暴跌，原本被看好的有线电视行业蒙上了阴影。在 ESPN 内部，也正面临收支危机，并导致持有者 Getty 公司重组领导层。"Getty 入股的方式是累积投资共计 2 500 万美元，三年实现收支平衡。但那些钱很快就被花光了，而 ESPN 每年都亏损大约 2 500 万美元。"（乔治·博登海默、唐纳德·T. 菲利普斯，2019）[110]

造成这一状况的主要原因在于，当时频道提供方和有线电视运营商之间的商业模式。当时如果频道提供方想要自己的节目在有线电视上播放，就必须支付一定的金额给有线电视运营商。但以 ESPN 为例,其收入来源仅仅为广告,远不能承担此笔支出。该模式导致频道提供方难以为继,当然也没办法用资金来提供高质量的频道和节目内容。由于吸收不到优质内容,有线电视也难以吸引到订阅用户,使得市场始终无法开拓。于是 ESPN 反转商业合作模式,"决定推翻有线电视联盟收入模式并开始为有线电视运营商收取 ESPN 信号,而不是为有线电视运营商付费。"(John McGuire, Greg G Armfield, Adam Earnheardt, 2015)[111] ESPN 计划"向有线电视运营商每月每家收取一小笔费用:每月四分钱"(乔治·博登海默、唐纳德·T. 菲利普斯,2019)[112]。新模式从表面上看是频道提供方将成本压力分担给有线电视运营商,运营商进而分担给订阅用户。但是深层次是没有资金压力的频道提供方可以购买更多、更好的赛事版权,制作更优质精良的电视节目,输送给有线电视,进而满足观众的收视需求,这是一个有线电视健康发展的正循环。这帮助 ESPN 开始盈利,也成为 ESPN 历史上最重要的关键点,更是整个有线电视行业摆脱阴霾走向迅速扩张的转折点。

截至 1987 年,创立仅 8 年的 ESPN 收视率上升了 33%,订阅费也上涨到每户 27 美分,但家庭订阅数量仍在攀升,从 1986 年的 3 900 万上升到 1987 年的 4 500 万,成为第一个获得超过 50% 美国市场的有线电视频道(乔治·博登海默、唐纳德·T. 菲利普斯,2019)[113]。ESPN 随后进入高速扩张期。

7.1.3 高速扩张期(1987—2000 年)

1987—2000 年间,ESPN 迈入高速扩张期,开始尝试诸多领域并进行创新,实现了多方位版图扩张和业绩增长。截至 20 世纪末,ESPN 员工数量达到 5 000 人,用户数量达 8 000 万户,美国以外拥有 1 亿户全球用户。

1. 建设多媒体体育传播平台,布局互联网

在该阶段,原本只有一个有线电视频道的 ESPN 已经无法承载和转化公司重金购买的众多赛事资源,因此为了提升已有赛事的播放空间,覆盖更多赛事和赛事群体,ESPN 需要建设更多的渠道、平台来提升资源的开发价值。1992 年,ESPN 策划了一个全新频道,该频道定位于"一个更年轻、更嬉皮版本的 ESPN,一个定位以另类体育运动来吸引年轻人的频道,除了 NHL,还会转播滑板、小轮车极限运动以及其他年轻人喜欢的赛事"(乔治·博登海默、唐纳德·T. 菲利普斯,2019)[114]。1993 年,该频道正式上线,命名为 ESPN2,开播

即拥有 1 000 万户美国家庭的订阅量,取得了巨大成功。随后 ESPN 加快频道建设脚步,除了 ESPN 亚洲频道、美洲频道、欧洲频道外,1996 年成立了 ESPN 新闻频道,24 小时滚动播出世界各地各项比赛的状况。1997 年成立了 ESPN 经典频道,主要制作、播出体育纪录片。此外,ESPN 还创立了 ESPN 杂志、ESPN 电台等不同类型的体育媒体。

20 世纪 90 年代初,ESPN 就预见互联网的未来影响力并进行探索,成为全球最早探索在线媒体业务的传媒之一。1994 年,ESPN 推出联合网站 ESPNnet. SportsZone.com,1998 年推出独家网站 ESPN.com。"ESPN 是网上最早的新闻内容网站之一,已经出现在许多主流新闻机构之前。通过早期建立的互联网站点并以电子方式分发领先的体育报道,ESPN 有效地预先阻止了其他体育相关内容提供商的挑战,这些提供商可能以其他方式发现作为新竞争者的低门槛。"

2. 扩大国际版图,奠定全球体育领跑者地位

20 世纪 90 年代前后,ESPN 管理层致力于全球化战略,以谋求新的业务增长点。1989 年 ESPN 成立国际部,拓展拉丁美洲、欧洲和亚洲的卫星市场。1990 年,其主席史蒂夫·伯恩斯坦在其首个上任声明中就指出,要提升 ESPN 作为世界顶级体育节目商的地位。"ESPN 拉美频道在 1989 年启动,接下来 ESPN 亚洲频道在 1992 年成立。到 1993 年,我们已经和法国转播巨头 TFL 和 Canal Plus 合作加入欧洲体育频道,从而进入欧洲市场。"(乔治·博登海默、唐纳德·T. 菲利普斯,2019)[115] "1993 年,ESPN 以 5.25 亿美元买下了 64% 的新加坡卫星电视台股份,两年后又买下了其他股份。从此将自身的信号覆盖了东南亚、中东、中国南部。"(刘捷,2017)[116]

3. 不断收割重要赛事版权,版权地图不断被充实

该阶段的 ESPN 不仅资金链较之前大为充裕,而且伴随着业内声誉和市场占有率的提升,有力地增加了其和重要赛事联盟谈判的筹码,并且有足够的预算去扩充自身的版权地图。其中,该阶段拿下里程碑式的赛事版权——1989 年 ESPN 和 MLB 的第一份转播合同,为期 4 年价值 4 亿美元;1998 年与 NFL 签下一份为期 8 年(1998—2005)的合同来转播全部赛季的《星期天橄榄球之夜》,这意味着每年将会提升 20% 的收费(乔治·博登海默、唐纳德·T. 菲利普斯,2019)[117]。

4. 品牌建设不断增强,迪士尼母公司效应凸显

ESPN 自成立以来,最核心的能力就是高质量的赛事转播水准和体育新

闻、综艺的制作能力。这是品牌建设最核心的部分,特别是伴随着一些顶级赛事版权的确定,围绕它们 ESPN 制作了一大批高水准的体育节目,积累了极高的品牌形象。比如,为迎接新世纪,ESPN 经典频道从 1998 年便开始策划制作新栏目《体育世纪》,取得了巨大成功。"1999 年《体育世界》赢得了 ESPN 的第一座皮博迪奖,以及 1999 年、2000 年、2001 年全国体育艾美奖体育系列最佳编辑节目奖。ESPN 经典频道在 2000 年增长到 3 000 万订阅用户。"(乔治·博登海默、唐纳德·T. 菲利普斯,2019)[118]

1995 年,迪士尼公司斥资 190 亿美元买下 ABC,进而获得了 ESPN 80% 的股权,成为其母公司。在子、母公司的合作中,迪士尼在保证其独立经营的前提下,将其在品牌建设方面的成功经验输入给 ESPN,这使得该阶段 ESPN 的品牌建设不断加强,品牌效应不断凸显。"迪士尼进一步鼓励我们利用 ESPN 的品牌力度并进入新的行业,更多产品、更多商品以及更多传播渠道,会让 ESPN 承载更多重量,所以我们和迪士尼新的投资小组一起开始搜寻新的行业作为扩展目标。"(乔治·博登海默、唐纳德·T. 菲利普斯,2019)[119] 和迪士尼成功的拓展路径一样,ESPN 随后开创了主题餐厅、主题酒吧以及主题商店零售 ESPN 品牌商品。

7.1.4 稳定发展期(2001 年—2013 年)

经过 30 多年的发展,ESPN 已逐渐形成一套卓有成效的发展路径,通过严格执行优质版权购买、新兴技术应用、产品服务升级、渠道平台拓容等方式来不断应对挑战、度过危机、保持增长,保持市场霸主地位,进入较为稳定的发展时期。时任 ESPN 主席的 George Bodenheimer 表示:"我们已经通过不断增加我们的内容,运用最新的科技,以及创建新的频道和产品来保持成功,我非常确信只要我们能够继续把这些工作迅速高效地完成,我们就能在竞争中保持领先。"(乔治·博登海默、唐纳德·T. 菲利普斯,2019)[120] 所以,该阶段的 ESPN 继续在版权购买、技术应用、渠道拓容等方面不断加强,并重点围绕互联网展开布局。

1. 版权帝国日渐庞大,购买成本节节攀升

2002 年,经过艰苦谈判,ESPN 获得了 NBA 6 年 24 亿美元的赛事转播版权,涉及超过 100 场常规赛、季后赛及总决赛。这标志着 ESPN 成为美国有线电视史上第一个在一个频道内同时拥有美国四大职业联盟(NFL、NHL、MLB 和

NBA)转播权的企业。除此之外,该阶段还新增 5 年温布尔登网球公开赛、法国公开赛、室内长曲棍球赛、印地 500 赛车赛、PGA、世界扑克锦标赛。但是在激烈的市场竞争下,为了维持庞大的版权体系,ESPN 所付出的费用也是极其高昂的。

2. 布局互联网媒体矩阵,跟新最新技术

进入千禧年之后,ESPN 调查部门已经预测到新兴网络和新媒体技术的发展,将有一批新型智能终端出现,于是继续将发展互联网战略作为企业最为重要的优先项,“把以互联网和移动端为首的全平台上增加观众作为公司的首要任务之一”(乔治·博登海默、唐纳德·T. 菲利普斯,2019)[121]。2006 年,ESPN 首次试水媒体终端业务,推出 ESPN 自主研发的新手机——MVP;2008 年在手机上推出“比分中心”App,下载量很快突破千万次;2010 年在家用电脑平台、智能手机和平板上推出“Watch ESPN”App,同年上线服务名为 ESPN 3.com 的流媒体赛事直播业务。此外,为了抢占高清转播时代先机,2010 年,ESPN 建成面积接近 1.8 万平方米的数字转播中心,大规模布局高清业务,并带来用户订阅数的增长。

2010 年,ESPN 的用户在全美达到高峰,超过了 1 亿,全美国一共只有 1.3 亿的电视观众,ESPN 的渗透率将近 90%。几乎有电视的家里就会订阅 ESPN 频道。2012 年,ESPN 员工数量达到 7 000 人,美国的有线电视台每赚取 4 美元,ESPN 就会从中分到 1 美元,成为名副其实的全球体育巨无霸。

7.1.5　剧烈冲击期(2015 年至今)

2015 年至今是 ESPN 自成立以来面临的最大的危机时刻,其营收压力、收入降低、用户流失速度都是前所未有的。在此阶段的 ESPN 仍在艰难探索中。

1. 原有订阅用户持续下降,在线用户增长有限

2016 年移动传播时代进一步深化,移动新媒体日新月异,新兴互联网巨头不断崛起,Youtube、Facebook、Twitter、Amazon、Google、Apple 等平台成为流量吸食黑洞,不断吸引用户及其注意力,致使有线电视行业用户流失严重,产业大环境不断下行。一直以来,ESPN 成功的经验就是不断地买更多的版权,用更好的节目和技术实现更多的用户增长和收入。就像曾经的手机业巨头诺基亚总裁在诺基亚受智能手机的冲击猝然倒塌时所说:“我们什么都没做错,但是我们输了。”“据统计机构 Leichtman Research 的最新研究数据,近五

年来美国有线电视订阅的平均价格上涨了近 40％（见图 7-1）。美国家庭拥有有线电视的比例从五年前的 87％ 下降至 82％。"[122] 对于 ESPN 来说，经典的用户订阅付费模式、不断增加版权频道、制作更精良的产品的增长路径已经不适用于外围生存环境所发生的剧烈变迁。面临着订阅用户不断减少、订阅收益持续降低等不利局面，这是 ESPN 40 年来从未发生过的。"2013 年 ESPN 的用户为 9 900 万，然后 2015 年就变为了 9 200 万，失去的这 700 万用户就意味着流失上亿的用户订阅收入。然而 2016 年情况并未好转，反而越来越糟糕。据尼尔森公司估算，10 月和 11 月两个月间，ESPN 流失 117.6 万用户，平均算下来每天有将近 2 万人不再收看 ESPN。"[122]

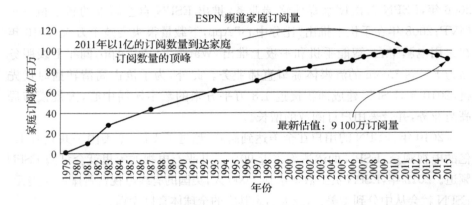

图 7-1　ESPN 1979—2015 年有线电视家庭用户订阅量

注：数据来源于尼尔森、ESPN 等。

面对危机，本阶段的 ESPN 也在尝试移动业务、线上体育媒体业务的创新以增加互联网新用户数量。ESPN 采用了如大举入驻主流社交媒体、入驻 Youtube 网络电视服务、牵手加拿大媒体 Mediavice 互换资源与互通平台、推出 ESPN＋流媒体直播服务（2018 年）等措施。但是迪士尼近两年的最新财报显示，其流媒体业务订阅增长显著低于其母公司 disney＋和 Hulu 平台。

2. 高昂的版权成本给运用带来更大压力

在有线电视订阅收入不断降低的情况下，由于持有大量顶级赛事版权，ESPN 仍然要支付高昂的版权转播费。"据市场研究公司 SNLKagan 的估计，2016 年 ESPN 在版权费上的开销达 73 亿美元。粗略地计算一下，每个用户订阅费为 7 美元/月，一年就是 84 美元，目前是 8 800 万用户，ESPN 的订阅营收大概为 73 亿美元加上广告营收,总营收应该可以覆盖所有的支出,但盈利的规模已经很有限了。"[122]为了控制成本,ESPN 裁员近百人,其中不乏知名体育记者和主持人。

7.2　ESPN 体育赛事媒体版权产业链运营分析

7.2.1　ESPN 产业链横向联合分析

ESPN 产业链横向联合主要是指在产业链中游阶段采用多元手段进行横向延伸,主要沿着产品服务链条、所有权交易及管理链条、技术应用链条这三条路径进行产业链的横向延伸。

1. 产品服务链条

ESPN 的企业宗旨是"Serving sports fans. Anytime. Anywhere"。ESPN 服务体育迷们最直接的形式就是产品与服务。因此,在 ESPN 40 多年的发展历程中,不断与时俱进,始终以不断完善产品和服务的链条为重要战略,逐渐形成以转播＋新闻＋综艺构成的"三驾马车"为基础,向纪录片、电影、电视剧、游戏等类型延展的内容体系链;以多个有线电视频道＋广播＋网站＋图书＋客户端等构成的"360 度"的渠道终端产品体系链(见图 7-2)。

图 7-2　ESPN 渠道载体产品体系链

注:资料来源于 ESPN 年报、东方证券研究所。

（1）打造内容产品体系链:"3"+"X"

"3"是指 ESPN 转播、新闻、综艺业务,其中最重要的是转播产品。它是自 ESPN 创立以来安身立命的基础。在筚路蓝缕的初创期,ESPN 没有重磅的赛事资源,技术设备尚不完善,但高度重视内容转播产品。曾任 ESPN 主席的 George Bodenheimer 在 ESPN 的第一个专业岗位便是在录像带存储室。"许多时间都花在打电话上。打电话给各个大学,看他们前一天晚上是否打过曲棍球,如果打过,如果有人录过,他们会询问是否介意把录像带装进联邦快递的袋子里寄过来,然后通宵播放,这样 ESPN 就可以在第二天播出这场比赛了。"(John McGuire, Greg G Armfield, Adam Earnheardt, 2015)[123] 通过这种方法,ESPN 早期打造了一大批虽然边缘但填补业内空白的独家转播产品。

在后来的任何阶段,转播版权支出都是 ESPN 最大的开支,因为转播产品是所有内容产品体系的最核心。随着 ESPN 逐渐走上正轨,围绕赛事内容而开发的新闻产品和综艺产品逐渐成为其产品体系的"三驾马车"。其中代表性作品如历经几十年而不衰的新闻节目《体育中心》《体育记者》《赛场之外》等,综艺作品如《双杀传球》《打扰一下》《梦想工作》等。这一方面既是受体育迷更高的体育娱乐需求促动,另一方面也是保证 24 小时在线频道质量的要求。此外,随着电子竞技热度的不断增强,ESPN 将体育和游戏相结合,推出了 ESPN 系列体育竞技游戏,如 ESPN 梦幻足球和棒球等。让青少年通过体育竞技游戏拥有自己的球队,并通过对模拟赛事的分析,决策和领导自己创建的球队成为游戏中的冠军。它一经推出就受到了世界各地体育迷的追捧。

"X"是指 ESPN 在产业链横向拓展中不断尝试开发纪录片、电影、电视剧、游戏等内容产品。其中纪录片产品制作主要依赖于 1997 年成立的 ESPN 经典频道,曾制作播出《体育世纪》系列纪录片、《30 年 30 部》系列纪录片,它们当中有的获得了美国电视节目最高奖项——艾美奖的体育类最高奖,同时收视率也很好,成为频道的常青节目。电影、电视剧以及部分真人秀、脱口秀、有奖竞猜节目则由 2001 年创立的原创娱乐部门(EOE)主要负责制作,制作了电影《疯狂赛季》《橄榄球少年》《飞身救球》等,制作了电视剧《橄榄球队员》。

（2）拓展渠道载体产品体系链:"360 模型"

所谓"360 模型",是指 ESPN 搭建起来的覆盖多个传播渠道、载体的多媒体平台。该概念是 ESPN 在实践中提炼出来并用于在与赛事联盟谈判时提出的形象化的称谓,是 ESPN 谈判的优势筹码。比如,2001 年在与 NBA 进行版权谈判时,ESPN 就绘制了一副"360 模型"向对方表达 ESPN 独特的全媒体平台优势。"我们在一张纸上画了一个轮子,而轮辐则从轮毂周围辐射开来(比如，这里就是 NBA），导向 ESPN 不同的媒体资源，包括 ESPN、ESPN2、ESPN 新闻频道、ESPN 经典频道、ESPN 电台、ESPN.com、ABC 和迪士尼，每个都可以用来启动转播或者推广赛事。"（乔治·博登海默、唐纳德·T. 菲利普斯，2019）[124] 此外，ESPN 还有杂志、图书等媒体渠道，在互联网平台上也有网站、客户端、官方账号等新兴渠道和终端。①

2. 所有权交易及管理链条

产业链横向联合还包括企业间的兼并收购、股权交易等产权交易行为，这些会给企业带来所有权、经营权层面的变化。ESPN 自成立以来，其股权交易历经数次。1979—1984 年，ESPN 的产权拥有者是 Getty 公司。它通过不断投资，帮助 ESPN 支付了初创期高昂的运营成本。1984 年，ABC 分两次斥资 2.3 亿美元收购 ESPN，成为其母公司。1985 年，大都会通讯公司以 35 亿美元收购 ABC。1996 年，迪士尼公司以 195 亿美元的价格收购大都会通讯公司/美国广播公司（Capital Cities/ABC），迪士尼因此拥有 ESPN 80％的股份。1990 年，科斯特国际集团以 1.7 亿美元的价格买下了 ESPN 20％的股份。就此，ESPN 的股权结构逐渐稳定下来，迪士尼成为其母公司。

纵观 ESPN 产权交易的发展历程，整体上呈现出不断向关联企业靠拢的股权投资和交易的特征。早期 ESPN 的直接控股方是一家石油公司，而投资 ESPN 只不过是其多元投资战略中的一种，是其产业链横向整合的一种尝试。但是由于石油行业与媒体行业的产业关联度较低，所以二者主要在所有权层面发生关联。在 ESPN 最初几年负运营时，Getty 公司行使权力更换了管理层，属于横向整合力度较弱的链条关系。但是随后的股权持有方逐渐变更为媒体或文化传播相关领域的重要企业，它们的收购行为整体上对 ESPN 的发展起到正面促进作用，而在经营权的管理上，交易方多采用去中心化的管理思路，在保护 ESPN 独立经营的权力的同时，在人、财、物等方面给予较好的支持。

比如 ABC，是美国三大广播电视业巨头之一，在产业链中属于 ESPN 的上位公司，是一家大型综合性媒体公司，其中体育媒体服务是其重要的业务版块之一。它曾将自己在广播电视领域积累的业界影响力、丰富经验、人才和业务生产模式借鉴给 ESPN。"鲍勃·艾格一路从 ABC 升迁上来，他尽自己所能给予 ESPN 更多价值，而立刻我们就收获两份典型节目……"（乔治·博登海默、唐纳德·T. 菲利普斯，2019）[125] 而迪士尼将这种基于产权关系形成的产业链

---

① 由于部分渠道和终端兼具产品和技术属性，将放在后面第三小点展开。

关联的正效应发挥到更大。在支持 ESPN 独立经营的基础上，凭借母公司品牌和资金优势，增强 ESPN 与赛事联盟谈判的筹码，在多元化经营和品牌建设上给出建议；为实施企业战略提供帮助（如兼并更多关联企业帮助 ESPN 更好地执行发展战略）等。

3. 技术应用链条

ESPN 在产业链横向整合中也十分注意技术产业链条的整合，并不断从有线电视传输技术、制作技术向在线播放技术、网络传输技术甚至智能制造技术延伸。最早期，ESPN 是靠有线电视的卫星转播器起家，抢先抓住了有线电视发射器这一关键技术，从而顺应了有线电视在全球发展的历史潮流。在后续发展中，ESPN 也格外注重通过技术应用链的拓展来拉动企业形成新的竞争优势和业务增长点。它曾经是有线电视高清播放技术的引领者，一定程度上决定了美国有线电视高清节目制式，投入巨资建设数字电视制作中心，积极尝试诸如 3D 等技术，开设 3D 频道。在互联网时代，有线电视时代形成的技术先手优势已经不复存在，ESPN 也在不断地寻求通过技术产业链的创新来拉动网络时代的发展。比如，在全球媒体中，最早进行网站建设（ESPN net. Sports Zone.com；ESPN.com；ESPN 3.com），并在日后很长一段时间成为流量巨大的体育媒体站点。在移动传播时代，ESPN 研发了流媒体在线播放技术，推出"ESPN＋"用来进行体育赛事的在线直播尝试。

7.2.2 ESPN 产业链纵向拓展分析

产业链纵向拓展包括两个向度，一是向上游供给端拓展；二是向下游需求端拓展。对于 ESPN 而言，供给端包括体育联盟、品牌赛事、技术支持方等，分别供给赛事资源和技术产品；需求端包括各个分发商（比如，美国大小有线电视运营商等）、广告商以及众多体育媒体消费者。为了适应发展的需要，ESPN 不断分别向上游供给端和下游需求端进行产业链拓展，逐渐形成了现有纵向产业链体系。

1. 上游供给端：拥有、承办、制作赛事及庆典仪式

对于体育媒体而言，向上游供给端进行产业链拓展最直接的方式是控制赛事或联盟，如通过自办比赛或孵化赛事品牌。因为当前体育赛事产业火爆，带动版权市场水涨船高，购买金额日益走高且竞争激烈，并且一旦签约往往是几

年周期,使得体育媒体面临极大的成本压力、资金周转压力和未来风险。在全球体育媒体界,ESPN 拥有、承办、制作的极限运动会(X-Games)是成功的案例。

ESPN 决定开发极限运动会的想法最初是由一位叫容·奥米赛的年轻员工提出的。他向管理层描述了在年轻人中大为流行的各项极限运动,比如,单板、滑雪、滑轮、冲浪等。但是缺少一个囊括它们所有的赛事平台,即关于极限运动的奥运会。后来这个想法得到高层的认真讨论并通过,并由奥米赛担任实际项目领导。但是这个决策也让 ESPN 面临全新风险。"ESPN 从没有尝试过这个体量的活动,这不仅要一个全新的商业模式,更要一个新的部门来承办赛事,以及额外的每个项目本身的专家。"(乔治·博登海默、唐纳德·T. 菲利普斯,2019)[126]于是 ESPN 从中游体育媒体变成上游的赛事拥有者、组织者与制作者,因此肩负了场馆场地建造、门票销售、竞赛规则制定、评分及奖励体系制定、裁判运动员的组织统筹等工作。在整个项目过程中,ESPN 公司发挥出中游关联产业链的优势,在赛事推广、广告招租、赛事转播、消费者接触、全球传播等方面给予了极大支持。

首届运动会就在 ESPN 及 ESPN2 直播超过 60 小时。"1997 年 1 月 30 日到 2 月 2 日,第一届冬季 X-Games 运动会召开并通过电视转播,ESPN 将其转播到 198 个国家。超过 38 000 名观众亲临现场观看为期 4 天的比赛。此后 ESPN 每年都举办两次云集世界极限高手的 X-Games 运动会。2003 年,ESPN 又创立一个集冬季和夏季项目于一体的极限运动锦标赛。"(韩晓宁、王静君,2010)[127]目前,ESPN 的 X-Games 迅速发展为国际品牌赛事,并且多个项目开始进入夏奥会和冬奥会。X-Games 的巨大成功离不开 ESPN 在早期的组织推广,使得多个小众、边缘、松散的赛事能够以集群的形式纳入世界体育赛事大家庭,逐渐风行并获得承认。对于 ESPN 来说,通过持有、承办、制作 X-Games,他们不仅发掘了一块极具增长潜力的赛事,并且通过产业链条的延伸可以将版权牢牢把握在手中,有助于消化一定的版权购买成本。

此外,ESPN 还可以围绕体育赛事进行相关版权活动的开发和制作。比如,ESPN 率先开启了对联盟选秀活动的关注和运作。此外,ESPN 还利用自身特长开发了诸如 ESPY 颁奖礼(Excellence in Sports Performance Yearly),堪称体育界的奥斯卡,成为一个标志性的仪式庆典,吸引了体育界和娱乐界的名流到场参评,成为全球性体育媒介事件。①

---

① ESPY 被誉为体育界的奥斯卡盛会,由美国 ESPN 电视台于 1993 年创办,每年举行一次。该奖项以浏览 ESPN 网站的体育迷们通过互联网投票的方式选出最终各个奖项的最终得主,奖励过去一年中在体育赛场上表现最佳的运动员。

2. 下游需求端:布局多元战略单元

体育媒体下游需求端包括各个分发商、广告商及消费者。ESPN 在下游的拓展主要集中在分发商链条拓展和消费者链条拓展,布局多元战略单元。

(1)互联网时代向 OTT 服务商延展

在传统媒体时代,ESPN 产品的主要分发商是有线电视运营商(也称有线电视公司),它们拥有广播电视网络技术,将节目商制作的内容输送到订阅用户那里,一般有特批的运营牌照和较高的基础设施门槛,因此传统媒体时代的 ESPN 没有展开延伸业务。但是进入互联网时代之后,网络分发商开始崛起。和有线电视运营商这类重资产型运营商不同,它们在物理层并不占据网络等物理设备,而是基于互联网基础设施向用户提供各种服务,包括内容分发服务,因此被统称为 OTT 服务商,如 OTTTV 等。① 为了适应体育媒体迷群体向网络平台迁移的潮流,因此 ESPN 不断向新型网络分发商延伸链条。比如,2017 年,ESPN 在 YoutubeTV 开设专门频道,包括 ESPN、ESPN2、ESPN3、ESPNU、ESPNNews,进行内容分发。

(2)直面消费者,延展尝试不同业务团块

在最初的发展阶段,ESPN 通过有线电视运营商的居间网络服务间接面向消费者。但是伴随着 ESPN 品牌效应的不断增强,它开始向下游产业延伸链条,创新越来越多的新型业务模块以推动链条直接面向消费者。这里主要包括三类直接面向消费者的业务团块的尝试。

①零售业务版块。早在 ESPN 初创期,工作人员发现他们在工作现场留下的带 ESPN 标识的横幅、帽子很容易被人们一抢而空,这让 ESPN 意识到 ESPN 的品牌效应。ESPN 正式大规模从事 ESPN 特许商品的销售业务是在迪士尼入股 ESPN 以后。迪士尼将其在 IP 衍生开发方面的经验带给 ESPN,因此,ESPN 开设了自己的专属商店,售卖品牌相关体育用品。"在迪士尼的鼓励下,ESPN 在传统的舒适区以及开发商店和主题餐厅之外发展得很好。ESPNShop 和 ESPNZone 就是结果。"(John McGuire, Greg G Armfiled, Adam Earnheardt, 2015)[128]

②餐饮休闲业务版块。在早期美国一些有线电视没有覆盖的地方,有些

---

① OTT 是个英语词汇,是 over the top 的缩写。这个词来源于篮球运动中的一个动作:头顶传球,它并不是一个新词。20 世纪 90 年代,互联网面向公众提供服务后不久,这个词就被引用到互联网上了,早期最典型的互联网 OTT 业务就是 Skype、ICQ、MSN 等这些完全独立于电信运营商,并且直接与之竞争的通讯业务。

酒吧、酒店、餐厅会打出 ESPN 标识招徕客户,因为他们开通了 ESPN 频道,在此消费就可以免费享用。常常吸引很多体育迷在此消费和聚会。同样是在迪士尼的建议下,ESPN 开设了 ESPN Zone 主题餐厅及主题酒吧。比如,开在时代广场的 ESPN Zone 餐厅,既是运动明星、体育球迷聚会的空间场所,也是无声的品牌宣传。

③智能制造业务版块。21 世纪初,ESPN 的调查机构敏锐地预测到了未来在线业务及智能手机的广阔前景,ESPN 领导层迅速制定了互联网战略。除了自建网站、研发 App、入驻社交媒体平台等方式外,2007 年 ESPN 还开启了手机制造业务,为 ESPN 球迷专门推出一款专属手机,以便他们更好、更快地观看赛事、接收讯息。"我们的设计思路是制作一部为体育爱好者提供即时比分和重大新闻的手机。"(乔治·博登海默、唐纳德·T. 菲利普斯,2019)[129]

7.3　ESPN 体育赛事媒体版权产业链的运营策略

7.3.1　资源获取:遵循企业能力和生长周期的版权布局路线

企业的成长与发展有其自身的规律,企业生命周期理论阐释了企业成长一般所经历的四个阶段,即初创期、成长期、成熟期、衰退期。对于一个具有完整生命周期发展阶段的企业来说,当其处于不同历史阶段时,其所具有的企业能力、企业资源、外部机会也不同。以体育媒体企业为例,在初创期,企业通常具有良好的外部市场机会,但此时企业拥有的资源有限,这将导致企业整体运作能力有限。比如,资金瓶颈、人才瓶颈、业务技术瓶颈等。伴随着企业的不断发展,进入成长期和成熟期,上述瓶颈限制逐渐被克服,企业能力日渐强大。企业可以有更强的资源运作能力,而同时外部市场机会仍较充裕。因此,处于此时生长周期的企业其企业能力、企业资源、外部机会三者将逐渐耦合至最大效应阶段。最后,随着企业进入衰退期,虽然此时经过前期积累,企业资源充分,企业能力尚备但是由于机会的逐渐扩散殆尽和行业竞争,同期外部市场机会会逐渐减少至没有,并反过来进一步拉低企业能力和企业资源,加速催化企业的衰退老化。因此,根据企业能力及生命周期的不同阶段制定合适的企业发展战略,尤其是资源获取战略尤为重要。

复盘 ESPN 的企业生长周期,其成功的关键在于能够遵循企业能力与生长周期规律,进行版权资源决策与获取,实现了与外部版权市场机会发展规律的耦合共振(见图 7-3)。具体来看,对于体育媒体企业而言,企业最重要的能力构成就是其版权购买力。在 ESPN 的初创期,由于其诸如启动资金十分紧张、转播制作技术还不成熟、赛事传播团队还在形成、早期的创业团队还在磨合、转播的赛事产品服务还处于粗糙制品阶段,所以这时的 ESPN 企业能力较为低下,虽然有良好的外部版权机会,但是从实际出发其不具备也不适合做出激进的版权购买决策。因此,此时的 ESPN 根据实际企业能力(版权购买力),主要选择一些边缘性、地方性、小众性的赛事版权入手,用来站稳脚跟维持频道运转。而在随后的成长、成熟阶段,伴随着如 ABC、大都会通讯公司、迪士尼等大型投资者的入局,为企业发展注入充沛的资金,同时频道的制播能力和传播渠道、载体不断拓容,以及其他各方面条件的成熟,企业能力逐渐达到顶峰,这时它可以做出较为激进的版权购买决策,去追逐头部顶级赛事版权。因为此时的 ESPN 既有资本和以往盈利支撑顶级赛事高昂的成本,以及精良的制作团队和设备保证版权的开发利用率最大化,也有多个频道和媒介可以消化、推广自己的产品和服务,从而占领更多的受众市场。

所以我们可以看到,在成长期(1987—200 年)、成熟期(2000—2013 年)阶段的 ESPN 其对顶级赛事版权的购买是逐渐加强的,并于 2002 年最终集齐美国四大职业联盟(NFL、NHL、MLB 和 NBA)转播权而达到顶峰。而该阶段的 ESPN 无论是在有线电视市场还是在线体育媒体服务以及用户数量等方面,都是接近巅峰状态。最后,目前由于移动传播时代的冲击,从企业生命周期理论来看,ESPN 逐渐进入下行阶段。而在该阶段,更多的互联网巨头入围市场,围猎赛事版权机会。我们可以看到,ESPN 垄断顶级版权的策略也开始松动调整,能动地变为共享顶级版权等,这也是根据实际情况做出的版权决策。

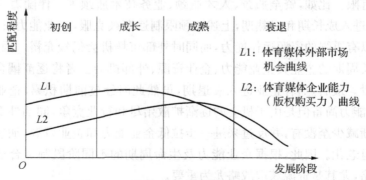

图 7-3 体育媒体企业的能力(版权购买力)—市场机会动态

7.3.2　价值增值：专业立命的精细化版权运作思维

价值链概念是由迈克尔·波特于 1985 年在《竞争优势》一书中提出的，他认为："每一个企业都是在设计、生产、销售、发送和辅助其产品的过程中进行种种活动的集合体，所有这些活动可以用一个价值链来表明。价值链包括企业价值链、供应商价值链、渠道价值链和买方价值链。"企业若想赢得市场竞争，不仅取决于内部链条运转，还取决于各个价值链条之间的衔接状况。根据波特价值链理论可知，体育媒体和其他行业企业类似，由原材料供应价值链、生产价值链、传播价值链和购买价值链四个环节构成。在上、下游链条的关系中，最重要的是原材料供应价值链和生产价值链的衔接。因为体育媒体企业面临价值的创造、转化与增值的关键一环，如图 7-4 所示，即从阶段 1 向阶段 2 的价值链转化过程。

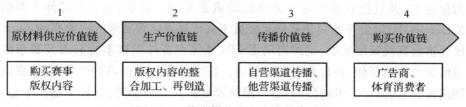

图 7-4　体育媒体产业价值链的构成

不同于一般性媒体企业，体育媒体必须购买赛事版权从而才有可能进入接下来的生产、流通及销售环节。但是伴随着赛事版权竞争的日益激烈，头部赛事版权购买成本几乎快速翻倍，导致体育媒体在第一阶段，即原材料购买环节就得付出极高的成本。这势必要求其在第二阶段，即对版权素材进行整合、加工、再创造时要全力以赴，否则无法保证基本的增值盈收底线。

有着 40 多年成功发展历史的 ESPN 处理该环节的策略是，以专业立命，对购买的赛事版权素材，通过不断提升自己的版权制播水准，对其进行精细化、高水平开发，从而保证输出更高价值的产品和服务，保证这两个价值链条之间的高效率转化。比如，选择高度热爱体育的从业人员、打造具有顶尖专业水准的制作团队、应用最新转播技术改善用户体验、持续出品具有业内声誉的常青树式节目、不惜重金建造数字制作中心、积极拓展全新媒体形式，等等。这些都有力地保障了 ESPN 能够将高价值的赛事版权素材转化为更高溢价的媒体产品。从 ESPN 的成功经验可知，立足于专业领域，保证制播水平是体育媒体的核心能力,也是将体育赛事版权转化为体育赛事媒体价值过程中最关键的催化剂。

7.3.3 灵活尝试:机动进退下的版权延伸业务探索

"轻装上阵,快速前进"是 ESPN 在业务探索阶段常提出的口号。在 40 年的发展历程中,从布里斯托小城走向全球的道路中,始终坚持灵活尝试策略,去寻找每一个能够促进企业发展的版权延伸业务机会。ESPN 在执行过程中会通过机动灵活的进退机制保留在执行过程中经过实践检验的成功的延伸探索,并通过及时止损机制来防止贪大、贪多以及对整个产业链体系贡献不大的无效延伸。

一方面,ESPN 无论在发展的哪个阶段,都在积极延伸版权业务,从各个渠道获取它认为值得投资尝试的机会。如果在实践中运行良好,它将会全力推进它,并且把它转化为业务增长的重要基础。比如,在上游延伸方面的X-Games 项目,最开始只是基层年轻员工关于新兴体育赛事的浓厚兴趣,后来成功被最高决策层采纳,正式启动 ESPN 从体育媒体向赛事持有者及赛事联盟组织方跨越延伸,并且获得巨大成功。在中游延伸方面,ESPN 敏锐地意识到高清技术、数字技术时代的先声,提前筹划布局高清频道、新数字制作中心,成功将技术领域的机会探索转化为今后整个行业的标准并获得先入者优势。此外,ESPN 还组建了纪录片频道,虽然在当时的市场环境下,普遍预测没有人喜欢看过时的体育赛事,但是在团队的大胆尝试下还是建立了以播放体育纪录片为主要内容的 ESPN 经典频道,并逐渐成为众多频道中收视率的佼佼者。

另一方面,ESPN 并非所有的探索都被实践接受,这时候他们会始终围绕"Serving sports fans. Anytime. Anywhere"企业宗旨,从企业发展战略与能力出发,审慎评估并对项目进行灵活进退、及时止损。其中最为典型的案例是ESPN 的"MVP"手机项目。客观地说,ESPN 确实敏锐地嗅到了新世纪即将到来的智能终端革命,并且大胆从信息服务业跨界至智能制造业。2006 年,ESPN 斥资超过 2.5 亿美元,计划利用 ESPN 的品牌效应,推出面向 ESPN 用户、具有体育媒体功能的翻盖手机。手机预计销量是 50 万部,收支平衡点大约是 25 万部,但是仅仅卖出去 3 万部。于是领导层迅速调整策略,撤下手机生产线。

从 ESPN 成功或失败的版权业务延伸探索的实践中我们可以看到,灵活的进退机制保障了 ESPN 始终可以轻装上阵，快速前进。这也是整个企业团队的共识。"'我们每个月都会想到十个机会，'格洛弗说，'但是我们会说，好吧，如果我们这样做，它将在某些方面帮助品牌，并在其他方面削弱它。'所以我们传递了很多东西。我们不想把太多的货车挂在单一的 ESPN 发动机上。是的，更多的产品，更多的商品，更多的分销渠道和其他产品将使 ESPN 品牌能够承担更多的运费，但也会让公司放慢速度。"（John McGuire，Greg G Armfiled，Adam Earnheardt，2015）[128]

第 8 章　乐视体育赛事媒体版权产业链运营的衰落与启示

乐视体育曾是国内体育赛事传播领域的一匹黑马,从 2012 创立进入体育赛事市场至 2016 年,短短的 4 年间它背靠乐视集团,从零开始,曾以惊人的高价竞得、垄断国内外众多赛事版权,直接推高国内体育赛事版权价格基准线及版权市场格局。经历两轮融资,公司估值从 30 亿元飙升至 215 亿元,成立不到 3 年就从新入局者一跃成为行业龙头,是当时最为瞩目的体育赛事新媒体企业。但是伴随着母公司乐视神话的轰然坍塌,其发展境况、形势也急转直下,大量版权、人才急剧流失。曾经其高调宣扬并受到追捧的"体育生态闭环圈"战略、"重度垂直的产业链"战略、"激进赛事版权竞争"策略也常为后人所诟病与反思。虽然乐视体育如昙花一现,迅速崛起又猝然坍塌,但是其代表的独特的企业发展理念、发展模式,其运作的版权操作及其背后诸多问题都是值得体育赛事媒体版权企业及学界进行反思和借鉴的。因此,本部分在简单概述乐视体育发展历史的基础上,将详细分析乐视体育媒体版权的产业链具体运作情况,在此基础上,进一步分析其存在的问题并总结相关启示。

8.1　乐视体育发展概述

乐视网先于乐视体育成立,它是乐视体育孕育的母体。2004 年,乐视网(LETV)在北京正式成立。成立初期便采取多元化经营战略,主要以网络视频业务为主,涉及电影、综艺、音乐众多方面,以"平台+内容+终端+应用"的乐视生态体系为主,通过手机端、PC 端以及网络互动社区等渠道不断发展完善,包括内容生态、手机生态、大屏生态、体育生态、汽车生态、手机互联网金融生态、互联网云生态在内的七大生态系统,取得了骄人的成绩,一举成为当时国内知名的 IPO 上市公司。

乐视体育原为 2012 年 8 月上线的乐视网体育频道,在 2014 年 3 月份与乐视剥离并独立运作。乐视体育的正式成立,标志着乐视集团及贾跃亭本人正式开启建设国内首个体育生态圈的尝试。在母公司及贾跃亭本人的市场运作和宣传营销的攻势下,同时伴随着相关利好政策激励,国内众多资本纷纷看好体育产业,乐视体育的发展非常迅速。在资本市场助推之下,乐视体育很快发展成以体育赛事 IP 为核心竞争力的最具影响力、知名度的国内顶级体育赛事新媒体企业。

乐视体育自成立以来一直秉承乐视网全产业链运营的属性,在探索中打造了“赛事运营＋内容平台＋智能化＋增值服务”的体育赛事直播体系。在巅峰时期,乐视曾手握 310 项赛事版权资源,每年通过乐视体育直播的赛事高达 16 000 场,其中 70% 以上全是独家版权资源,直播涵盖篮球、足球、排球、网球、自行车、极限运动、职业搏击等 22 个大项以及 250 多个小项。除了赛事网络直播以外,同时开拓了体育彩票、体育广告、体育游戏、体育培训等在内的一系列赛事衍生产业(胡琳曼,2015)[130]。此外,乐视体育还推出乐视体育会员制度,探索版权变现及付费观看之路。

但自 2016 年始,伴随着乐视集团频繁爆出危机及贾跃亭本人的神话破灭,乐视体育也迅速走向衰败。企业融资之路折戟,资金链条愈加紧张,市场估值暴跌,接连失去亚冠、中超等核心重磅版权,世界杯更是一场没播就折价 4 000 万元售卖,随后与 ATP 的 5 年版权合同也被终止,辉煌时期加入的体育圈名嘴黄健翔、刘建宏及诸多高管纷纷离职,仅在 2017 年一年便亏损 13 亿元,后经过 3 年的挣扎,乐视体育最终宣布破产。

8.2　乐视体育媒体版权产业链运营分析

乐视体育奉行乐视集团及贾跃亭本人倡导的“商业生态圈”竞争战略,追求建构宏大的闭环生态系统,通过圈版权、圈用户,在短时间内尽可能多地自建生态、产业链条及业务模式,以包容更多用户,进而闭环开发用户商业价值。乐视体育一直以来都追求建立体育赛事生态圈。在成立初期,乐视体育直播平台延用乐视网所采取的 HULU 模式,即购买赛事版权资源实施免费直播,吸引受众,奠定消费基础,依靠广告赞助、版权分销等方式实现资本变现。同时,乐视体育逐渐从单纯的内容平台向“体育媒体＋自主赛事＋入股体育俱乐部＋青少年培训体系＋体育地产＋体育智能装备"全产业链上、下游延伸,谋求体育公司转型。

8.2.1 上游产业链的运作方式

体育赛事媒体版权的获取从产业链运作的视角又被称为产业链的"前向延伸",通常的资源获取手段大致可以分为"买"与"做"两大类,具体来说,包括对体育赛事媒体版权资源的竞价购买、与赛事组织间协同合作、入股赛事公司以及自主培育赛事IP等多元化的方式。由于体育赛事媒体版权资源都具有较为突出的排他性,乐视体育在打入上游资源端获取赛事版权资源方面也采用了排他性的布局手段——大量囤积"小众运动"赛事资源。

1. 重金全面收割上游国内外赛事版权

乐视体育力图用最短的时间打造国内首个也是最大的体育赛事生态圈。因此在不考虑现金流及投入成本的情况下,获取赛事的独播权,尤其垄断版权无疑是条终南捷径。比如,2016年,时任乐视体育CEO的雷振剑以中超为例,提出版权购买是乐视体育互联网生态圈构建的入口,"我们的中超互联网内容一定会成为未来乐视体育生态的入口,这是过去一年我们做的很重要的事情。所以大家看到我们拿了中超,我们入股了WSG,把亚足联所有的赛事版权都买下,这些都是为了入口做的准备"[131]。而要建成垄断、封闭、最大的体育赛事生态圈,就必然要求其赛事版权覆盖面要足够宽广,保证入口足够多、流量不外流。

因此,乐视在那短短的几年间,同时凭借市场估值正旺,融资之路较为顺利的条件,开启了重金全面收割国内外赛事版权之路,从英超、欧冠、F1、MoToGP到EDGE皆不计成本地一并收入囊中。根据乐视体育官方的描述,在内容平台上已经拥有310项全球顶级赛事版权,其中72％是独家,乐视体育几乎满足了所有体育迷的观看需求,一时间成为国内最大的赛事版权大鳄。除了购入赛事版权外,乐视体育也开始探索建立民间赛事以及自制节目的IP内容。

2. 以入股等方式提升上游赛事组织的话语权

体育赛事组织是体育赛事活动的组织与参与的主体,包括体育赛事联盟、体育赛事协会、体育赛事俱乐部等。由于手持赛事IP,所以它们在体育赛事产业链中占据重要的话语权和市场议价地位,是中游体育赛事媒体组织竞相追捧的对象。乐视体育想要建立闭环体育生态圈,就需要提升在产业链上游的话语权,因此,通过各种方式控制、掌握体育赛事组织成为乐视体育产业链向上延伸的策略之一。比如,2016 年,乐视体育宣布以 21 亿元"赞助(冠名)+入股"北京国安足球队,北京国安更名为"北京国安乐视"队。至此,乐视体育在一定程度上参与到上游体育赛事组织的运作之中。此外,在场地场馆等硬件控制方面,乐视体育还冠名了五棵松体育馆,更名为乐视体育生态中心。乐视体育号称将围绕这个体育馆打造全球最领先的智能化场馆服务体系。

8.2.2　中游产业链的运作方式

体育媒体产业链中游是体育媒体产业链的核心环节和重要部分,也是体育媒体最核心的业务组成部分。它一般指体育媒体获得体育赛事版权之后,对相关版权内容进行媒介化开发,形成不同形式或类型的体育信息产品、服务或活动,进而细分演化成不同的产业链条,从而为企业创造价值、获取利润。从媒介内容上,它可以细分为体育资讯类产业链、体育赛事直播产业链、体育综艺产业链、体育影视产业链、体育游戏产业链、体育图书产业链等;从媒介渠道上,它可以细分为体育电视产业链、体育网络平台产业链、体育广播产业链、体育书刊产业链等。

乐视体育中游媒体产业链的运作思路主要是模仿国外新兴在线视频平台"HULU"模式,走专业化内容制作和免费阅听之路。HULU 是美国的一家视频网站,2008 年 3 月正式上线,凭借"免费+正版长视频+广告"的模式,在创办第一年即实现盈利……用户免费获取视频资源,广告商则为观众的注意力付费,HULU 让单纯依靠广告盈利的视频网站运营模式成为可能(陶丽,2013)[132]。HULU 模式的海外成功引发了国内乐视网及子公司乐视体育的效仿,先期主要以版权为中心,制播专业的体育赛事内容产品和服务,吸引用户在自有的网络平台或智能终端上免费阅听的同时,吸引相关品牌和广告投放,以获取收入。由于 HULU 走的是专业内容生产模式(PGC),因此复制HULU 模式的乐视体育较为重视专业性赛事内容的制播,投入大量的人力、物力、财力制作相关网络赛事内容产品和服务,以供给自建的闭合生态系统中的用户。

一方面,乐视重金招买大量体育赛事制播明星人才,打造"高管梦之队"。乐视体育和诸多体育新媒体一样,想通过吸纳各类媒体企业中高精尖的人才来壮大乐视体育运作团队阵营,以加快版权内容转化,提升制作水准。乐视体育重金挖掘体育产业各大公司的精英人才,组建了企业初创期难以企及的"高管梦之队"。比如,在乐视体育组织管理层,赛事运营方面高薪聘请了 NBA 在中国初始团队的核心成员邱志伟,分管体育赛事运营事务,重点是深度包装职业赛事以及大众赛事的创意推广;邀请著名央视体育栏目主持人刘建宏、黄健翔加入乐视体育赛事解说,积累行业人脉与行业影响力(见表 8-1)。

表 8-1　乐视体育高层次人才引进

乐视体育履任职务	引进人才	原职务
首席执行	雷振剑	乐视网副总裁
首席营销官	强炜	原奥美集团体育营销总监
首席内容官	刘建宏	原央视著名解说员
香港公司首席执行官	程益中	前南都主编
副总裁	金航(分管体育产业增值务)	原搜狐体育频道总监
副总裁	于航(战略资源部副总裁)	原新浪体育频道合作总监
副总裁	邱志伟(分管赛事运营)	原 NBA 副总裁
副总裁	李大龙(分管峰智能硬件)	北京智能视界科技前 CEO

另一方面,乐视试图提升内容生产开发的专业性。在内容生产开发方面,乐视体育围绕独家网络赛事直播,在直播技术、画面清晰度、直播场景化等方面尝试提升。比如,自 2016 年开始,乐视体育便陆续引进了 VR、AR 全景直播技术,独创 360 度全景拍摄使观众通过手机终端即可自由调节观赏角度,打造 360 度的视屏交互体验;建设全新虚拟演播室,打破了传统赛事的直播模式,采用虚拟演播室的方式进行赛事直播讲解;提升直播画面清晰度,从高清时代升级到了超高清(4K)时代。此外,乐视体育制播团队尝试拓展体育节目的延展性,整合直播、集锦、花边、互动、数据、音乐等一系列赛事周边产品,打造赛事节目体系。比如,刘建宏与黄健翔联手打造的《超级比赛日》、黄健翔的《足球黄腔》等;在欧洲杯、美洲杯赛事期间,还推出包括刘语熙领衔的《熙游记·女神欧洲杯》;刘建宏、黄健翔、高晓松联袂发声的《新三味聊斋》;董路、李欣担纲的《超级足球议会》等特色节目。从理论上来说,这类做法将有助于乐视体育增加贴片广告收入、平摊版权成本,模仿 HULU 公司的专业化视频制作的路径。

8.2.3　下游产业链的运作方式

HULU 成立之初,在股比方面,美国国家广播环球公司(NBCUniversal)、新闻集团下的福克斯(FOX)公司和迪士尼集团下的美国广播公司(ABC)分别占比 27%,剩下 19% 的股份由私募股权公司 ProvidenceCapital 占据。美国四大广播网中的三个都是 HULU 的股东(陶丽,2013)[132]。然而,乐视体育和背靠老牌传统媒体而迅速发展的 HULU 公司不同,乐视体育是由乐视网发展孕育并拆分出来的,其产业链的运作思路和具体举措紧密贴合乐视集团及若干子公司的战略部署。由于乐视集团并不满足于仅仅做一个"视频网站",在贾跃亭描绘并试图打造的乐视宏图中,其最终的目的是建造一个"平台＋内容＋终端＋应用"的闭环生态帝国,将变现寄托于建构整个"生态链"之上。这就表明乐视体育必须在打通上游赛事 IP 的同时,也要适当地向下游产品开发与服务端拓展,特别是与乐视集团及相关子公司进行产业链条协同对接,将乐视体育产业链纳入乐视生态产业链的一个子环节,以期打造成一个协同开放的大型闭环商业生态圈。

乐视体育下游产业链的具体操作可以概括为:以版权内容为吸引物,借助免费策略壮大增量用户规模,乐视体育超级会员策略转化为乐视生态圈用户规模,进而向以"硬件制造""应用市场""电商平台"等为代表的乐视产业生态圈全面延伸融通。其具体执行可概括为以下三个步骤:首先,通过免费策略壮大乐视赛事阅听用户的市场规模;然后,将先期免费用户导流转化为诸如乐视粉丝或者会员用户,从而提升乐视全局生态圈中用户沉淀数量;最后,将这些体育用户转化为乐视商业生态圈内各大产业链条上的细分用户,进行增值开发。

1. 先期聚合赛事阅听用户:免费策略壮大乐视体育用户规模

很多互联网经济形态,特别是在线信息服务业,具有规模经济和范围经济的属性特征,这使得追求更多的用户覆盖成为很多互联网企业在早期发展的重要战略。为了赢得市场竞争,很多互联网企业间动辄推出产品和服务的"免费策略"或"补贴政策",以获取流量和用户,进而获取竞争优势,占据市场垄断地位。比如,360 免费商业模式击败瑞星等杀毒软件厂商,腾讯用免费 OICQ 打败 MSN,滴滴和优步的补贴大战,以及 HULU 公司,等等。乐视集团与乐视体育也是如此。尽管付出了极高的版权成本,但是乐视集团仍然坚持通过向用户免费提供体育赛事版权以期引流更多用户进入乐视闭环生态商业连中。比如,当乐视推出"超级乐视体育会员"制度时,乐视体育同时承诺,乐视还将继续为非会员用户提供赛事的免费观赛服务,播放量占到自身版权赛事场次总量的80%以上。这就意味着尽管乐视体育背负极大的版权成本压力,但仍然选择继续为用户提供大量赛事"免费午餐"的策略。该策略在短期内为乐视体育积累了大量的用户,并打响了乐视体育及乐视集团的社会知名度。

2. 中期输送乐视用户:引流赛事阅听用户成为乐视粉丝、用户或会员

乐视体育以免费战略吸引、聚合了大量用户,同时也为整个乐视集团积累了短期利好的品牌口碑。作为乐视帝国子生态之一的乐视体育,采取多元手段将子生态的用户输送到全局生态之中。比如,乐视体育在乐视体育平台上内嵌各种途径通道对接乐视商业生态,将乐视体育迷变成乐视迷。此外,在2016年以前,乐视体育会员账号与乐视会员账号是一体贯通的。虽然2016年在迫于营运压力的情况下,乐视体育超级会员被推出,标志着乐视体育体系独立运作,但会员权益仅仅是部分赛事权益,且体育超级会员贯通至乐视超级会员的途径仍然是畅通的。诸如此类方法为乐视体育粉丝、用户或会员转化为乐视集团粉丝、用户或会员提供了方便法门。

3. 后期转化乐视其他产业链用户:以"硬件制造""应用市场""电商平台"等产业链为主

在乐视帝国的生态版图中,除了包括乐视体育在内的内容产业链以外,还包括应用产业链、平台产业链以及终端产业链。比如,乐视的终端产业链包括核心入口的智能终端产业,以乐视超级电视、超级手机和未来的超级汽车等为代表;乐视的应用平台包括各智能终端的操作系统 UI(是乐视服务的商业入口),以及各智能终端上的应用软件商店等。乐视平台产业链包括电商平台等,如乐视商城(乐视生态电商平台,包括整个乐视生态的产品销售)以及乐视物流平台(包括乐视生态产品的配送)等。

在具体转化中,乐视体育主要以向"硬件制造""应用市场""电商平台"等产业链用户转化为主,将业务协同延伸到诸如手机、电视、自行车、无人机等智能硬件设施装备上。比如,2014年,乐视体育和三星电子联合发布 Gear 系列智能产品,"乐视体育 F1VR"和"看球"两款应用内置在其智能手表和虚拟现实头盔中;2015年8月,乐视体育联手 Leie 和飞鸽集团联手打造智能自行车系列产品,推出首款智能硬件乐视超级自行车;乐视体育当时计划还将以合资的方式组建一家智能移动摄像和无人机公司(杜友君等,2017)[133]。

8.3　乐视体育媒体产业链运营的问题

8.3.1　盲目追求排他性,横向整合意识淡薄

近年来,我国体育产业整体发展态势向好,国内各市场主体争相布局体育赛事版权市场,赛事版权成了各类媒体的香饽饽,诸多的市场主体力求通过赛事版权的囤积获得“垄断地位”。乐视体育向上游赛事资源布局采取了全面版权战略,顾名思义,它是通过全方位的体育赛事版权的收割,以高价购入并独占赛事资源,以市场垄断优势打通资本变现道路的赛事媒体版权的运行模式。大力获取产业链上游资源,是为了让资源更好地服务体育生态,而乐视体育的“生态化”这个链条只有在拥有基数庞大观众的前提下才有实现的可能,于是抢夺赛事版权成了当务之急。这就使得乐视体育对赛事资源的布局走入了一个怪圈。随着版权费用的水涨船高,贪多求全、购销脱节等问题加重了乐视体育赛事版权的运营与变现的难度,加之乐视体育购置的版权多为小众赛事版权,并不利于快速变现。在优酷与咪咕、央视共享世界杯赛事直播,当代明诚与苏宁分销国际足球赛事版权,体奥动力与央视共享中超赛事转播权的企业联盟合作阶段,乐视体育仍未进行版权分销,将绝大部分体育赛事的转播版权紧紧地握在自己手中,由于缺乏与中游同质媒体企业协同合作、资源共享的意识,最终导致“恶性循环”并遭到对手分食。

8.3.2　团队人才体育热忱不高,培育引进问题凸显

首先,乐视体育最大的竞争力就是赛事的独播权,这是引流的最大利器。乐视体育和诸多新媒体一样四处挖人,招兵买马。从乐视体育“梦之队”的构成来看,央视体育频道以及国内各大主流媒体成为乐视体育 HR 部门重点寻求的对象。乐视体育寻找合伙人的理念是,每位合作伙伴必须是各自领域一流的领导者,能够带着团队进行市场拼杀。但一流的领导并不能与全能型领导人才画等号,新媒体企业对人才在产业运营逻辑、部门协调能

力、产品研发决策、产业趋势洞察等方面的需求并不是仅仅拥有某一方面专业才能就可以胜任的,需要的是长期在新媒体产业链运作"流水线"的上、中、下游摸爬滚打的经历,更加重要的是对体育抱有热忱的态度。其次,许多从央视退下来的专业解说员都会将入职乐视体育作为首要选择。但由于长期处于传统体育媒体体制内的人才大多只专注于某一特定的领域,其他方面的专业知识十分匮乏,缺乏创新精神与钻研能力,固有思维无法适应新媒体的快速发展。

虽然乐视号称打造内部生态体系,实际上却是各部门各自为政,导致各方面业务缺乏统一的协调和管理,人员引进比例失衡。管理难度加大,业务之间比较割裂,人浮于事的情况比较严重。随着刘语熙、郭艾伦等一批"体育网红"的加盟和对记者的精心包装,虽然能够达到在短期内吸引受众眼球的目的,但并非长久之策。虽然人员比例失衡,但乐视体育仍没有停止在上、中、下游间的布局步伐,对于各类专业人才的过分依赖,使人员培养出现断层,"青黄不接"现象十分严重,"以老带新"的人才培养计划也停滞不前。

8.3.3　产业链生态化发展超速,资金链条断裂

版权壁垒失利与人才失衡遭受的重创,仅仅是乐视体育生态产业链进程受阻原因的冰山一角,其公司内部的资金链断裂,才是受阻真正的原因。乐视体育的资金流本质上是寄托在中国体育市场以及体育消费习惯的速度差上的,通过增值服务、内容体系搭建、硬件系统提升将游客模式转变为体育媒体用户模式,将用户根植于乐视体育生态链才是初始发展阶段的核心。可现实中我国高端体育赛事内容的用户货币化程度并不高,变现能力较弱,使得乐视的"生态化"发展并没能产生效果。乐视体育随即转变策略,并未走其他互联网公司的老路以流量模式开端,而是较早地进入了资本运作高速阶段。所谓资本运作,就是尽力吸引投融资,通过资本杠杆为企业自身带来较高溢价值。乐视体育"贪多求全"的赛事资源布局的目的之一则是利用所获得的体育赛事媒体版权资源来扩大自身的曝光度,通过密集地召开发布会谋求获得融资,而业务的推进情况却很少持续地对外宣布。据统计,乐视体育仅在2016年就举行了27场发布会,包括与线下俱乐部合作、投融资事件、战略合作、版权合作和赛事冠名等内容,借此疯狂吸引融资并极力寻找"接盘侠"(钱玲玲,2019)[134]。乐视的资本运作是一种过于理想化的投机心理,在没有清晰地认识到企业自身资本实力、准确把控企业发展阶段的情况下,盲目资本化、过度

的资本化或资本化导向的运作则不利于整个产业链的运营,甚至会伤害产业链的健康发展,最终形成了资金漏洞和倒挂。

8.3.4　下游开发缺乏关联性,忽视体育属性

除去乐视体育不分先后地进行上、中、下游布局的节奏策略问题,在乐视体育下游产品研发的拓展中,盲目开发高科技产品,以及过早涉足与体育运动本身关联性较弱的电视、手机、汽车等行业,也造成了品牌形象和企业信誉的下降。处于起步阶段的乐视体育,在收益模式不确定、消费群体不固定、科技支撑不完善的前提之下,还不具备走大跨度的企业发展道路。坊间传言乐视体育拿下英超香港地区的独家版权是为了乐视机顶盒的销售而做的准备,环青海湖邀请赛也只是乐视超级自行车的推广活动,这类跨度较大的衍生品仅仅顺应了市场发展的趋势而并非考虑与自身体育属性的关联度。同时,对于乐视体育而言,过高的媒体定位也让其产业化发展面临危机,无合适的产品营销渠道,无稳定高水平的跨产业合作,很难达到乐视体育此前的战略目标。在乐视子业务生态布局过快的情况下,无法实现自产自销,产品研发策略并没有得到合理改善,导致"烧钱"过快,使得包括乐视体育在内的多个子业务都出现了资金短缺的情况,这抑或对整个的体育赛事媒体版权市场都是一个巨大的警示。

8.4　乐视体育媒体产业链运营问题的原因分析

8.4.1　过高估计产业、市场规模及企业市场培育能力

2012—2016 年是乐视体育活跃的主要时间段。该阶段也是我国体育产业稳步发展的阶段。根据国家体育总局公布的相关数据,2012 年,全国体育及相关产业总产出(总规模)为 9 500 亿元,实现增加值 3 135.95 亿元,增加值占当年 GDP 的比重为 0.6%;2013 年,全国体育及相关产业总产出(总规模)为 1.1 万亿元,实现增加值 3 563 亿元,增加值占当年 GDP 的比重为 0.63%;2014 年,全国体育及相关产业总产出(总规模)为 13 574.71 亿元,实现增加值 4 040.98 亿元,增加值占当年 GDP 的比重为 0.64%;2015 年,全国体育及相关产业总产出(总规模)为 1.7 万亿元,增加值为 5 494 亿元,增加值占当年 GDP 的比重为

0.8%（见图 8-1）。从上述数据中可以看出，我国体育产业总值占据全国GDP 的比重仍旧较低，并且和发达国家的体育产业相比，该比例还是偏低。例如，美国、日本和欧洲等国家和地区其体育产业都占 GDP 的 3%～4%。这说明在乐视体育活跃的时间段内，我国体育产业在国民经济总产业中的地位有待于进一步加强，和发达国家较为成熟的体育产业市场相比还处在从不成熟走向成熟的阶段。更进一步地说，在本就不大的体育产业盘面中，体育传媒与信息服务产业在体育产业版图中也很难进入前列。以 2015 年为例，体育传媒与信息服务产业产值为 100 亿元，结构占比为 0.6%，这说明当时国内体育传媒市场更是有待于进一步培育和发展，市场容量较小，市场成熟度较低。

图 8-1　2012—2015 年我国体育产业总产出与增加值情况
注：数据来源于国家体育总局官网。

　　但乐视体育过于乐观地估计在线体育媒体市场的发展阶段、市场容量、短期前景和政策效应的延迟性，超前过度预估赛事 IP 市场容量、IP 短期市场回报率及基础体育赛事群体的规模以及消费意愿和消费层级，同时对企业自身也过于乐观地估计乐视体育及乐视集团的市场孵化速度、能力、成本、时间等因素。但据粗略统计，自 2015 年开始，不算上那些未完成打款的长期合同，乐视体育在购买版权上的投入已超过 30 亿元，其购买成本与现有市场规模的比例严重失调。这种不符合市场发展规律和公司成长周期的企业发展轨迹，为后期的运营隐患埋下伏笔。

8.4.2　机械复制 HULU 垄断版权策略

　　国内互联网企业创业的一大特点是"复制型"创业模式，即将国外既有的、成功的商业模式引入国内做出本土化改造调整，并逐渐形成自身商业及盈利模式,比如,新浪微博借鉴 Twitter、百度搜索借鉴谷歌搜索、优酷借鉴 Youtube 在线视频平台、腾讯 QQ 借鉴 ICQ 等。乐视体育也是通过高度复制国外当时风头正劲的 HULU 公司的创业模式起家,走以"垄断版权+PGC+广告"为特征的业务模式,但是二者的创业发展语境及条件截然不同。

　　HULU 模式由于背靠美国三大传统媒体传播业巨头(NBC、ABC、FOX),被它们视为新媒体时代自家内容的一个重要的互联网传播出口。所以 HULU 公司可以以优惠的价格和优先顺位获取三大巨头们宝贵的独家版权资源而不必背上沉重的版权成本枷锁。而乐视体育不同,其背后没有内容版权资源丰富的母公司或者持股人为其背书,又恰逢 IP 版权水涨船高之际,但乐视体育仍然机械地复制"垄断版权"策略,导致不惜以极高的代价、过度的投入来获取版权资源,追求所谓的独家地位。根据资源基础观理论,资源承诺是在企业的创业管理活动中可理解为组织向创意注入资源的意愿(Dutton 等,1987)[135]。资源承诺是一个多维度的概念,包括市场资源承诺、财务资源承诺、人力资源承诺和客户资源承诺等维度(Barney,1991)[136]。企业在内部创业过程中面临资源决策的两难困境,没有资源承诺,创业项目就不能获得更好的发展和竞争优势,然而出于外部压力和创新成功可能性等方面的考虑,超额的资源承诺则存在过多的风险(鲁喜凤、郭海,2018)[137]。乐视体育机械地复制 HULU 公司模式,过于强调版权垄断带来的先发优势,忽视其他市场竞争者同样也存在着低成本模仿的后发优势,从而过度放大了在版权产业链上游的资源承诺,以远超市场发展规律和发展阶段的规模投入大量的财物资源和人力资源,企图锻造闭环生态产业链的护城河,超额的资源承诺必然带来企业风险过载,并最终演变为企业高昂而沉重的运营包袱。

8.4.3　未形成适合本国、本企业语境的商业模式

　　虽然 HULU 和乐视体育是互联网企业,但是其盈利模式和路径与传统媒体时代的企业并无二致,符合受众商品论中的"二次售卖理论"①,即围绕着"内容—受众—广告商"所形成的铁三角关系,并不天然具备互联网基因、适配互联网语境,本质上仍然走的是内容为王的传统媒体竞合思路。但互联网文化

---

　　①　"二次售卖理论"指的是媒介单位先将媒介产品卖给终端消费者(读者、听众、观众),然后,将消费者的时间(或注意力)卖给广告商或广告主的过程。简而言之,第一次售卖是媒介向受众提供信息,满足受众对信息的需求,这里售卖的是信息,信息是商品;第二次售卖是将受众的注意力售卖给广告商。

是以开放、协同、共享为特征的,特别是国内互联网的免费文化和网民的免费消费习惯根深蒂固,同时乐视集团又坚持走互联网平台竞争、生态竞争之路,如果不对该盈利模式进行适合本国国情、本企国情的改造,将会面临较大的变现困难和模式的不匹配性。比如,被迪士尼收入旗下的 HULU 公司近些年盈利始终乏力就是一个很好的证明。

笔者认为,乐视体育在探索持久盈利、适配互联网语境的商业模式中有三个环节做得较为不足。

① 受众需要变为用户。现有盈利模式将消费者变为单一的受众身份,因此只能从注意力角度考量被动的消费者,但是在互联网市场语境下,每一个受众其实都是用户,是积极、主动、能动的主体。因此,需要通过释放、赋能其主体性来作为打开变现方式的出口之一。

② 内容需要变为产品。现有商业模式强调内容为王,以不断地将内容精细化、专业化打磨为升级方向,具有宏大叙事和精英主义特质。在互联网语境下,反而需要的是多样的、碎片化的甚至是戏谑的多样互联网信息产品。因此需要具有产品经理思维进行多样化产品开发与输出。除了内容产品外,还应包括关系产品、服务产品等。

③ 模拟技术需要变成智能技术。乐视集团是一家强调互联网生态与科技的企业,但是这一点在乐视体育上体现得并不充分。乐视体育平台仍旧是传统的模拟技术思维的延续,仅仅是一个在线播放渠道而已。但是在智能智慧传播时代,人工算法、智能识别、大数据、人机交互等智能技术可以大大降低交易成本、提升信息利用效率及推动用户增值,因此它们都是应当运用于乐视体育生态圈中的重要技术。

8.4.4　反噬型子母公司关系中乐视体育的过度输送

1. 乐视体育母公司的战略定位:闭环垄断的商业生态圈

商业生态系统理论由美国学者詹姆士·穆尔(James Moor)在 1993 年提出。他在《哈佛商业评论》上发表了《掠夺者与牺牲者:新的竞争生态学》一文,首次基于企业生态观的视角正式提出了商业生态系统的概念。他认为,企业不是孤军奋战的经营实体,而是商业生态系统中的成员,在这种背景下,企业的竞争战略应从过去仅追求战胜竞争对手,转变为与竞争对手乃至整个商业生态系统共同演化。他将商业生态系统定义为"基于组织互动的经济联合体"[138]。在互联网环境下,企业的竞争战略发生了革命性变化,竞争方式由过去个体间竞争、供应链竞争和价值链竞争转变为商业生态系统竞争(肖红军,2015)[139]。特别是美国苹果公司生态圈、谷歌生态圈的成功进一步引发了国内互联网企业间关于"商业生态圈"竞争模式的追逐效仿,以谋求新的竞争优势。贾跃亭及其控制的乐视系其战略定位于在国内建立一个最大的闭环垄断的互联网商业生态圈(见图 8-2)。垂直整合的闭环生态链,这个闭环包括平台、内容、终端和应用。

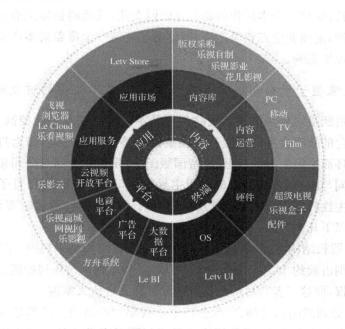

图 8-2　乐视商业生态圈示意图
注:根据贾跃亭乐视发布会公开资料整理。

2. 乐视体育母公司的运作方式:高度风险,高度依赖资本运作

乐视集团和国内其他互联网巨头企业有所不同。在创始人方面,不同于雷军、马化腾、李彦宏等是计算机相关专业出身,其经历也主要集中在互联网领域。而贾跃亭本人是会计专业出身,对财务和资本运作等较为熟悉,转换过诸如煤炭、生态农业等多个行业。与此对应的是,乐视集团和国内其他互联网巨头不同的是,没有核心垄断的互联网技术加持,其迅速发展崛起与贾跃亭及其控股公司的资本运作相关。2010 年 8 月,乐视网公开发行股票 2 500 万股,发行后总本为 1 亿股,发行价格为 29.20 元/股,募集资金 7.3 亿元登陆 A 股

创业板,成为中国首家上市的视频网站。[140]从 2014 年 12 月 23 日低谷时的 28.2 元,上涨至 2015 年 5 月 12 日的最高点 179.03 元,上涨幅度高达 535%。[141]在此期间,贾跃亭配合着乐视网估值的不断攀升,通过讲"故事"以定增、股权质押、减持等一系列手段将融资用到了极致。据不完全统计,包括乐视网在内的乐视体系近几年融资额(直接融资+间接融资)高达 728.59 亿元,从乐视网 2010 年上市以来计算,乐视平均每年的融资额为 104.05 亿元,远超过绝大多数上市公司。[140]因此,可以看出,乐视集团是一家并非以互联网高新科技见长,而擅长资本运作的新兴互联网企业,其战略目标是通过资本市场的不断融资,走商业生态竞争之路,想要迅速铸就一个覆盖诸多产业链条的大型闭环商业生态圈。

3. 反噬型子母公司关系导致乐视体育对母公司的过度输送

由于贾跃亭对乐视集团的战略规划及本人对乐视系企业控制力较强,因此乐视体育的战略发展高度服从乐视集团的整体战略定位,即为打造乐视全局生态闭环而努力。因此,在乐视帝国版图中,乐视体育与母公司乐视集团的关系是协同与配合的,是强势母公司主导下的母、子公司关系,且子公司的话语权和自主性较低,注定是围绕着母公司的战略定位和发展需要而存在的。这表现在以下几个方面:

① 在股权结构方面,乐视体育成立之时股权结构为乐视网、乐视控股、管理团队分别占股约 15%、55%、30%,可以看出,乐视网与乐视控股占据绝对的公司控制权,而这二者背后都是贾跃亭及其相关合伙人掌握。

② 子公司战略高度吻合、配合整个乐视集团的战略。虽然乐视体育早已独立拆分出来成立公司,但是其战略目标与贾跃亭掌控的乐视集团和其他乐视系高度一致,即致力于打造一个互联网体育赛事的闭环生态系统,成为乐视大生态系统中的一个子生态。

③ 子公司的运作模式受母公司影响深重。乐视体育的运作之路几乎是母公司的复刻版本,高度依赖资本运作,实施"烧钱模式"。乐视体育于 2014 年 3 月 20 日从乐视网分拆出来并独立运营,启用乐视体育独立网站和乐视体育 App。同时在 2015 年 5 月完成 A 轮和 A+轮融资,2016 年 4 月完成 B 轮 80 亿元融资,估值达到 215 亿元(李恒,2016)[142]。乐视因此有了大量资金疯狂囤积高价版权,一跃成为国内体育媒体领域出手最阔绰的企业。

由于和贾跃亭及乐视生态中其他公司在战略、运营模式上高度捆绑,因此,乐视体育的企业声誉与发展状况也因母公司而起伏波动,影响极大。在前期子母公司的关系是互惠互利型的。一方面,乐视体育依赖母公司的战略、品牌、资本运作手段获得了丰厚的发展资源,为乐视体育超速爆炸式发展提供了资金便利和品牌便利;另一方面,通过体育版权市场的声势制造,也进一步强化了市场对乐视集团的看好。但是,这种高度捆绑的关系也存在着重大隐患。在后期伴随着贾跃亭及乐视其他产业链条神话的破灭,这也迅速累及乐视体育的企业声誉、行业预期和发展状况。导致乐视体育后来融资计划流产、市场前景看空、企业声誉坍塌、版权合作方合作意愿大大降低。同时由于弱势的子公司地位,后期在乐视系公司陷入资金链断裂后,乐视体育被拆借大量资金直接影响其自身业务的正常运营。比如,2016 年 12 月,乐视体育在一次股东会议中披露,乐视体育在未经董事会或股东会同意的情况下,擅自向其关联方乐视控股出借了 40 多亿元的资金,被乐视体育相关投资人诉至法庭。

8.5　乐视体育媒体产业链运营的启示

8.5.1　优化上游资源布局,打造媒体企业联盟

媒体企业必须控制向上游资源端的扩张力度,避免盲目追求赛事资源排他性而在上游布局中过度耗费资金。媒体企业购置赛事版权时应量力而行,精简版权数量、精优版权制作、集约版权成本、打造更多精品赛事转播。将精品赛事转播、创新内容、精品内容产品进行多渠道售卖,实现版权分销和内容营销。同时,应在充分的市场调查和自身企业能力分析的基础上选择合适的赛事进行自主培育,媒体企业也可选择打造自主品牌,并探索多元类型的运行机制。纵观我国体育赛事媒体市场,主体既有极具资本实力的媒体企业,也有极具特色的小众企业,欲在新媒体企业间激烈的版权争夺大战中占据不败之地,应当加强企业间的协同合作意识,通过协议形式构筑战略联盟,既可以在资源端达成联合采购,避免蜂拥购买抬高价格,改善买方各自为政的局面,提升联盟整体的议价能力,降低竞争力;也可以在赛事资源、人才团队、技术信息、平台渠道等方面实现互通互助;还可以进行某些特定项目的联合开发与培育,形成我国体育赛事媒体版权市场有利的竞合格局。此外,通过兼并收购的方式,打造联盟双方共赢关系模式,减少同质化运营带来的恶性竞争。例如,被当代明诚收购的新英体育、加入阿里体育的优酷体育以及加入苏宁的

PPTV。这些接受了整合的中小企业、较强企业在激烈的竞争下迅速走向成熟,提高了自身管理经营效率,同时还能精于新技术研发能力的提升,不必退出行业,也不必承担风险和损失。

8.5.2　提升下游产品关联性,放大体育效应

从目前来看,各行业的跨界融合态势不断发展,各种风口不断出现,媒介企业集团等往往具有技术、人才、资本、用户、注意力、权威性、影响力等有形无形的资源优势,能够为跨界融合提供很好的支撑。但在进行跨界产品研发制造的同时,媒体企业首先要明确自身定位,在洞察市场发展趋势之余也要守住产品的体育属性,彰显体育价值。要充分了解受众的消费水平,分析存量市场,否则产品很难和现有服务挂钩。换句话说,任何衍生产品的开发都要与体育媒体自身的体育 DNA 和产业化特色相契合。此外,夯实媒体企业在上游、中游的基础实力,树立良好的品牌形象和积累企业信誉,激发产业链内部的内生性动力,带动下游衍生品市场的开发。比如,在主营业务品牌的基础上进行品牌衍生,布局运营体育主题餐厅、运动服饰等领域,尝试开发玩偶、运动器具等产品;开发体育地产、体育主题公园、体育休闲城;积极地开发赛事 IP,拓展IP 的体育影视作品,开发相应的特许经营产品及各种主题餐厅、酒店、体验馆等(王凯,2019)[33]。

8.5.3　把控企业发展节点,合理运用资本逻辑

媒体对体育的介入由浅入深呈现出媒体建构体育、媒体介入体育、媒体控制体育三种传播模式(张德胜等,2016)[143]。乐视体育对体育产业的介入只是达到了最表层的建构,仅仅停留在将体育赛事媒体版权作为资本融资"药引"的资本运作逻辑。事实上,在媒体企业发展初期,应极力追求自给自足的生产模式。依照体育媒体企业当前的资金投入与产出比,加上其自身固有的影响力,在目前的新媒体大环境下,通过精简内容生产结构,优化资源配置和系统规划投资,特别是放缓赛事上游布局和下游产品研发的速度,来实现自给自足并非难事。但不可否认的是,资本运作确实是赛事版权运行中不可或缺的运作方式,需尊重市场与企业自身发展的客观规律,把握企业不同阶段的综合实力,杜绝资本导向的投机心理。在进行产业链、生态化运作前,应精准把控企业自身的发展节点。在收益模式确定、消费群体固定的情况下,企业自身发展

阶段和资本实力都已成熟，在能够与操控资本市场的能力相匹配的状态下，才能发挥出最佳效果，也才能达到借助外来融资力量或者入股企业的方式实现对企业资本的扩充，促进媒体企业持续健康稳定地运营与发展。仅依靠收拢市场而不远虑资本的周转与变现，最后只能被版权费以及想要达到的版权壁垒拖累，最终导致计划中途夭折。

8.5.4　强化人才管理，开创新型培育模式

体育互联网产业链是一条非常复杂的链条，涉及范围之广、项目之多都为企业开展业务带来许多障碍，需要来自各行各业的精英通力合作，人才的匮乏的确是致使我国体育赛事媒体版权市场发展相对滞后的一个重要因素。乐视体育高价聘请"超级团队"不具备持久性。高薪吸引业内精英加盟的模式短期内可以快速、高效地建立品牌，一旦被竞争者模仿，成功模式易被复制，且乐视组建的"超强团队"逐渐完善后，如何将这个"梦之队"发挥最大的效力，良好的组织结构和协同机制的设计变得尤为重要。在员工数量不均衡以及培育断层方面，首先，要明确奖惩机制，由于人员过剩而导致的倦怠心理和抵制情绪，需要通过合理的奖惩机制进行刺激和缓解；其次，对于新人的培养应形成体系，单纯依靠传统体育媒体人才的现状必须终结，需顺应体育赛事媒体版权运营与开发对人才的新需求，围绕版权分销、内容平台运营、衍生产品开发等方面培养人才，充分利用高等院校等各类教育资源，进一步完善人才的引进机制，吸纳参与整合企业各方面的优质人才、专项人才，通过横向同盟降低人才引入的成本，提升总体效益。比如体奥动力，作为中央电视台的长期合作伙伴，与如央视体育这样的人才摇篮型传统电视媒体搭建"人才互通"平台，借助于央视的人才结构与培养模式，保障人才要素流通渠道顺畅，在中超、中国之队、足协杯等项目中一直保持着良好的合作关系，共同打造亚洲顶尖的制作团队。

第 9 章　央视、优酷及咪咕的足球世界杯媒体版权运营及其启示

2018 年 7 月 15 日,俄罗斯世界杯在高卢雄鸡法国队的夺冠中拉下了帷幕,本届世界杯给各类世界杯关注者留下了深刻的印象。各支传统强队纷纷率先出局,"伪球迷"战胜"真球迷"的赌注屡见不鲜;视频助理裁判系统(VAR)、点球、姆巴佩、内马尔翻滚、黄金一代、青春风暴、魔咒等成为本届世界杯的十大关键词;世界杯场上竞争热烈,场下话题也是不断推陈出新,社交、视频、游戏成为世界杯传播运行中的新势力,再次为人们呈现了一个"全民狂欢"的世界事件。作为世界顶级赛事 IP 的世界杯在本届赛事中其版权运作也体现出新的特点和趋势,为竞争火热的中国赛事媒体版权运作提供了样板示范,研究世界杯的媒体版权运作特征、提炼其经验对于我国体育赛事媒体版权运行有着积极的参考价值。本部分选取中国大陆地区拥有世界杯媒体版权的央视、优酷(阿里旗下)、咪咕(中国移动旗下)三家媒体作为考察对象,对其世界杯媒体版权的运行特征进行分析,提炼经验与启示。

9.1　中国大陆地区世界杯媒体版权运行格局的演变

1978 年,中国观众(大陆地区)第一次通过中央电视台观看到了世界杯,发展至今,足球世界杯与中国观众已经接触了整整 42 个春秋,经历了从无到有、从单一到多元、从简单到丰富的过程,大致可以分为四个阶段。

9.1.1　1978—1986 年:世界杯媒体版权的寄生阶段

这一阶段中国(大陆地区)对于世界杯版权主要处于版权寄生的阶段,作

为中国唯一代表的中央电视台无法获取世界杯的转播权,主要通过借用(盗用)信号的方式进行世界杯的报道。1978 年的阿根廷世界杯,中国观众第一次通过电视接触到了世界杯,这次世界杯央视无法获取世界杯的版权,最终盗用了国际广播卫星的公共信号对半决赛和决赛进行了转播;1982 年的西班牙世界杯,中国通过加盟合作的方式加盟了"亚洲—太平洋广播联盟"(购买了世界杯报道权)对当年 22 场赛事进行了录播;1986 年的墨西哥世界杯,央视对全部场次的比赛进行了全程直播,第一次为国内观众直播世界杯,并培养了国内球迷熬夜看球的习惯,但依然是依赖于其他主体的世界杯版权。[144]本阶段中央电视台与国际足联尚未开展合作,对世界杯的报道主要局限于依赖传播运营的阶段。

9.1.2　1990—2002 年:世界杯媒体版权的电视时代

1990 年是中国大陆地区世界杯电视转播权的分水岭,也是彩色电视大幅普及的阶段。1990 年,央视独立购置了世界杯的电视转播权,开启了与国际足联的合作之旅,本届世界杯球迷的观看或收听方式得到了改变——央视既为球迷们提供了赛事的直播也提供了合适时间的录播,球迷不仅可以在世界杯赛事举办的时间看直播(大都在凌晨),也可以在中午或下午相对舒适的时间看比赛的录播。1994 年的美国世界杯,央视对世界杯的直播已经成为一种惯例,录播和转播也设计得更加丰富;1998 年的法国世界杯,央视在 CCTV1 和CCTV5 并机直播世界杯,诸多地方台也都接入了央视的信号,世界杯的收视率达到了空前的高度;2002 年,中国足球队第一次打入世界杯决赛圈更是引爆了国人对世界杯的关注,促使足球文化成为人们生活的一部分,诸多地方台、报纸等开辟了自己的体育频道或体育栏目。[145]这一阶段虽然广大的球迷也通过报纸、广播等媒体形式关注世界杯,但电视的话语力量占据着绝对的主导地位。

9.1.3　2006—2014 年:世界杯媒体版权的多元时代

虽然早在 1994 年中国就已经被世界列为拥有互联网的国家之一,但互联网介入世界杯传播是在 2006 年。2006 年被称为中国网络视频的元年。2006年的德国世界杯,东方宽频斥巨资购得中国大陆地区独家宽带以及无线转播、直播版权,并与搜狐合作,向国内互联网用户提供世界杯视频,世界杯的传播渠道拓展到了互联网;2010 年的南非世界杯,诸多互联网媒体参与到了世界杯的版权运营,央视将世界杯版权以均价 1 500 万元左右的价格分销给了腾讯、新浪、搜狐、优酷、土豆、酷六网等互联网媒体,主要是世界杯的赛后点播权,对世界杯的电视传播形成了互补;[146] 2014 年的巴西世界杯,央视在多方权衡下采取了独家运营的方式,放弃了对世界杯媒体版权的分销,尽管如此,新浪体育还是与 CNTV 取得了合作,获得了所有比赛的视频点播权。同时伴随着 4G 技术的逐渐成熟,移动端运营逐渐兴起,2014 年成为世界杯移动传播的元年。与此同时,尽管没有世界杯版权,其他媒体也进行了各种主题化的尝试与探索。这一阶段,电视、互联网、移动端等纷纷参与到了世界杯媒体版权的运营中来。

9.1.4　2018 年—至今:世界杯媒体版权的生态时代来临

2018 年的俄罗斯世界杯,央视一举改变之前独家运营的策略,在世界杯开赛前两周广告招商基本到位的情况下,实施了版权的分销,阿里旗下的优酷成为 2018 年俄罗斯世界杯央视指定新媒体官方合作伙伴,并拿到了世界杯包括赛事直播、视频点播、赛场花絮等多项权益;中国移动旗下的咪咕成为央视的新媒体及电信传输渠道指定官方合作伙伴,获得了世界杯直播版权。央视、优酷、咪咕成为本届世界杯媒体版权的三大运营主体,并充分发挥出各自的优势对世界杯媒体版权进行了生态化运营,突破了原有版权运营的格局,形成了"版权内容运作＋关联主体＋创新内容＋新型商业"等模式的综合。在各种新兴技术手段的支撑和广大球迷需求的推动下,世界杯媒体版权的运行体现了生态化的趋势(腾莉、杜行轩,2018)[147],工具价值日渐凸显、上下游产业和周边产业的带动与植入价值不断被挖掘与开发,实施"直播＋广告"的运营策略、"流量＋内容"的运营思维、"大文娱＋新零售"的战略布局彰显出世界杯媒体版权运行的生态化探索,并产生了良好的传播效果和商业价值,为世界杯乃至其他赛事的版权运作积累了宝贵的经验。

9.2　央视、优酷、咪咕三大主体 2018 年世界杯的运营战略

9.2.1　央视的"收视＋广告＋分销"的运营战略

中央电视台是中国大陆地区唯一合法的世界杯媒体版权采购主体,国家

广电总局在 2000 年颁布的《关于加强体育比赛电视报道和转播管理工作的通知》和 2016 年颁布的《关于改进体育比赛广播电视报道和转播工作的通知》中明确规定了央视在足球世界杯、奥运会、亚运会等赛事转播权上的独家谈判与购买权。[148]凭借对世界杯媒体版权的垄断地位，央视历来在世界杯媒体版权中掌控着主动权，本届世界杯中央视更是将其主动权发挥到了极致。采用了"收视＋广告＋分销"的版权运营策略。

①　在版权内容制作与播放平台方面拓展了内容传播的全媒体渠道，依托其强大的平台优势实施囊括电视屏、IPTV、网页端、App 的跨屏传播策略，央视影音、CCTV5、CCTV 微视等协同报道世界杯；实施原创内容策略，相继推出了《大咖陪你看》《欧冠开场哨》等原创节目和栏目；实施基于微博、微信等社交媒体的互动矩阵传播策略，推出了《世界杯足迹》、游戏小程序《天天足球》、百万答题《巅峰对决 Live》等社交互动产品，充分考虑用户的多元需求，收到了良好的传播效果。

②　在广告方面，央视强化了世界杯广告收入的独角兽地位。根据媒体公开报道，央视第一批世界杯广告资源底价为 35.62 亿元，最终实现总收入约 39 亿元（王凯、陈明令，2017）[149]。央视在广告招商方面采用了巧妙的时间差战略，2017 年 12 月，央视发布了俄罗斯世界杯独家版权的声明，强调将不对外分销世界杯转播版权（全媒体），给广大的广告诉求方营造了饥饿营销的态势，仅此一家别无选择，而在广告招商基本到位的开赛前两个星期，央视将新媒体版权进行了分销，可谓是充分利用了时间差，在保障广告收益的同时又获得了版权分销收益。

③　在版权分销方面，引入了电信合作和互联网合作伙伴，在世界杯开赛前与咪咕和优酷达成合作，坊间传媒分销版权价格分别为 10 亿元和 16 亿元，将世界杯版权收益推向了新高（谢新洲，2011）[150]。版权分销实现了政治收益与商业价值的双丰收。

9.2.2　咪咕的"流量＋内容＋体验"的运营战略

在本届世界杯开赛前 23 天即 5 月 22 日，中国移动旗下咪咕视频宣布成为 2018 年央视世界杯新媒体及电信传输渠道指定官方合作伙伴。正如中国移动咪咕公司（咪咕视频母公司）业务发展事业群执行副总裁李军所言，广告并不是咪咕本届世界杯重点考虑的问题，咪咕打出了"流量＋内容＋体验"的培育式策略，旨在通过世界杯这一顶级 IP 提升咪咕的用户流量，实现在视频领域的逆袭。在这一策略下,咪咕依托其移动公司的技术支持在技术、内容运营上进行了积极的探索。第一,在资源终端上,咪咕推出了手机、PC、TV 三端的收看资源,在终端上实现了"三屏协同";第二,在制作上,注重内容与形式的创新,首创同场赛事多路解说任意选择的观赛模式,注重《火星世界杯》等原创节目的制作;第三,创新运用"AI 直播剪辑官"、50 帧原画直播、多视角观球、高清多屏互动等技术,为用户提供身临其境般的看球体验;第四,注重线上和线下的互动传播,在北京、上海、杭州、南京等城市实施地铁主体宣传,推出促销流量包,开设微博系列互动等。Quest Mobile 数据显示,咪咕在获得世界杯版权后 3 周的安装用户数超过之前 7 周的累计安装用户数,且活跃度提升;而世界杯小组赛期间,咪咕 App 活跃用户均值较 2017 年增长了 353%,且 DAU 峰值突破了 700 万[151],在流量上收获了良好的效果。

9.2.3 优酷的"大文娱+新零售"的运营战略

2018 年 5 月 29 日,优酷宣布和央视达成合作,拿到俄罗斯世界杯赛事直播、点播、花絮等多项权益,与央视和咪咕相比,优酷背靠阿里的互联网生态资源,实施了大生态战略。优酷充分协同阿里旗下的淘宝、天猫、支付宝等平台,提出了"99 种玩法"的概念,实现对世界杯用户的全时段、全需求的覆盖,实施"大文娱+新零售(大电商)"的运营策略。在大文娱上,注重对世界杯媒体版权资源的深度开发和内容的高质量制作,一是提升技术支持,自主研发"智能媒体大脑",开通新增搜索结构智能化以及"组队聊球"功能,确保直播的画面高质量、零延时、无卡顿,为用户提供了多维的观看视角;二是注重体娱跨界,组建了体育界和娱乐界的体育解说团队,并推出央视解说、粤语解说、优酷专属专业解说以及跨界明星解说等多种解说风格,推出《这!就是世界波》等跨界自创节目,丰富了用户的选择。在新零售上,将媒体版权的运营、用户的互动体验与各电商平台进行无缝对接。优酷推出进球红包雨、答题及公仔分红包等活动,同时与联通、电信两大运营商合作,推出"订购流量包免流量观看"活动,将线上与线下、赛事参与与平台产品销售进行了有益的对接,形成了自我营销、品效合一的闭环系统(田红媛,2016)[152]。

9.3　世界杯媒体版权的运行特征

9.3.1　版权运行主体：从独家垄断运营到有限分销

央视因其国家级媒体的地位和相应法规的规定，在世界杯版权问题上拥有绝对的控制权。它在世界杯、奥运会等大型国际体育赛事上的独家垄断历来遭受业界的广泛诟病，每到奥运会、世界杯等重大赛事，传统的地方电视台、后发的网络媒体大佬等都纷纷发出责难之声，或通过舆论施压，以期能够在相应的版权上分得一杯羹。在采购环节央视是中国大陆地区唯一的合法单位，自然决定了其在运行环节的垄断话语地位，央视在世界杯的版权问题上保持一种遮遮掩掩的态度，即便是本届世界杯媒体版权，其在最初也宣布了独家运营、不予分销的声明。而随着其传统招商的落地，面对新媒体的崛起和广泛的社会舆论，央视在世界杯版权运行中进行了有限的分销：在内容上，分销权益包括赛事直播、视频点播、赛场花絮等多项权益，突破了以往对于点播权的限制；在形式上，分销聚焦于具有通讯运营商背景的咪咕（中国移动）和具有互联网属性的优酷，且未选择广泛分销，做到了既分销又有限，实施了版权分销的"饥饿营销"策略。从公开数据来看，咪咕的 10 亿元和优酷的 16 亿元不可谓不昂贵，这与央视对新媒体市场的把握和自我策略的设计具有重要的关系。版权的有限分销既能够更大限度地满足新媒体端用户的需求，以更好地彰显这一赛事版权的公共性，缓解央视的舆论压力，体现央视的社会责任；又能够为央视带来可观的分销收入，分担运营风险，保证其自身的商业价值，可谓是政治收益与商业收益双丰收。

9.3.2　版权运行逻辑：从版权本体运作到工具价值

《体育新闻传播的特征、人才能力要求与体育新闻传播教育供给侧改革》文章认为，2016 年里约奥运会的传播愈发重视"品效合一"，在重视内容的同时重视对广告主体产品销售的直接关联，而本届世界杯这一特征更加突出。从三大世界杯版权主体的运营来看，尤其是作为新媒体代表的优酷和咪咕，更是突破了版权本身运营变现的逻辑，转向了对版权工具价值的追求，这种工具理性一方面表现在自身营销的价值上,如咪咕在运营中重点关心的是世界杯这一顶层 IP 的吸聚价值所带来的流量价值,围绕这一主旨虽然也进行广告等变现渠道的业务,但其更强调借助 IP 的内容,着力于提升用户体验和流量提升,在带来流量的同时增加留着率,世界杯 IP 成为其自我营销的手段;工具理性的另一方面表现为为所具有的产业生态进行营销,最典型的是优酷,其以世界杯版权运作为核心,制作各类内容产品,吸引大量的用户,通过竞猜、红包等互动形式与淘宝、天猫等母公司业务平台的业务进行直接串接,在进行关联品牌营销的同时,直接导入大量的消费人群,激发巨大的市场活力,版权运作凸显了"品效合一"的特征。

9.3.3　版权运行内容:"泛娱乐化"特征日益凸显

本届世界杯媒体版权运作的一大特征是"泛娱乐化"的特征日益明显。根据腾讯大数据,本届世界杯的"小白球迷"(对球星和球队没有什么了解,主要是受到身边亲戚、朋友的影响才关注世界杯)占到了 57.4%,专业球迷仅占到了 15.5%。在世界杯媒体版权运作中,央视、优酷、咪咕等诸多媒体也遵循着二八定律的逻辑,在关照真球迷对足球的专业性需求的同时,更针对广大的伪球迷、泛球迷提供了大量的娱乐化媒介内容,在形式和内容上进行了诸多的探索;多屏互动已经成为世界杯报道的必备应用,AI 技术也成为世界杯报道的必备技术;集球星卡、红包雨、猜球、球币等互动产品将用户带入了一个超强体验的场景;以贺炜、洪钢为代表的专业解说,姜文、鹿晗等为代表的文体跨界解说,张杰为代表的二次元解说,张达斌和钟毅为代表的粤语解说,更是将解说推向了新境界,完全颠覆了原有的"纯体育化"和"专注模式";各种话题、短视频、UGC 成为世界杯传播的重要内容,赛事消费内容更加碎片化,推动世界杯版权运作进入了更为娱乐化和跨界的"泛体育大时代"。

9.3.4　版权运行效果:版权运行变现路径更加多元

媒介利润窗口是媒介经营中的重要关切点。媒介经营理论指出,发行市场、媒介广告、媒介产品版权、媒介投资是媒体的四大收入来源(胡翼青,2018)[153]。从三大版权主体的版权运行效果来看各有特点、各有收获,央视凭借其在传统媒体领域的权威性、技术积累、40 多年世界杯报道的资料财富,无论在传统的电视端,还是在新媒体领域的央视、CNTV 等平台依然收获最大,

"广告＋分销"的收益达到了 60 亿元，远超 2014 年巴西世界杯的 15 亿元，主要收入来源于广告收入（39 亿元）和版权分销收入（26 亿元）。优酷和咪咕在版权运作中同样也进行了广告的开发，但在收入上与电商等的合作成为重要的收入趋势，而这一经营模式的变现逻辑就是吸引、积累并留住大量的流量资源。根据优酷的公报，优酷在世界杯揭幕战当天新用户便激增 160％，日活跃用户增长 20％左右，直播观看人数创历史地超过 1 200 万，且多半（60％左右）是 30 岁以下的新生态人群，为导流变现的商业逻辑开了好头。[154]

9.4　世界杯媒体版权运营的启示

9.4.1　启示一：版权引进与分销的博弈策略应用

自 1928 年冯·诺依曼证明了博弈论的基本原理宣告了博弈论的正式诞生以来，博弈论被广泛应用于经济、文化、政治等各个领域（魏然，2010）[155]。在世界杯媒体版权的运作中，国家对央视独家谈判与购买权的规定和央视后面所进行的有限分销为我们提供了参考。相关政策之所以规定央视在世界杯、奥运会等赛事版权谈判与采购中的唯一权利，很大程度上就是为了避免在进行相应赛事版权采购中过度的竞争引发"自相残杀"，降低议价能力进而削弱自我竞争力，同时给版权的运营带来压力。央视采购的唯一性无疑对抑制世界杯版权的价格飙涨起到了一定的作用，这对于近些年我国各类媒体（公司）对国外赛事版权的争夺有着积极的借鉴意义。在其他赛事的版权获取中，国内各类媒体应该建立内部联合、外部竞争的采购策略，通过机制设计并建立采购联盟等来提高在各类境外赛事版权的谈判与议价中的能力，避免过度内耗，探索建立各关联主体均衡获益的博弈机制，对外形成合力、对内形成共赢，进而促进我国体育传媒乃至体育产业的健康、持续发展。央视在进行版权分销中的时间点把握也是一个微妙的设计，前期声明独家运营，最大化地吸引了广告商，而在各广告商悉数到位的最后 20 余天的时间进行分销，既最大化了广告效益，又充分实现了版权分销，充分把握住了新媒体的版权诉求，获得了效益的最大化。

9.4.2 启示二：赛事媒体版权内容生产的泛娱乐化

从世界杯的传播中我们可以发现，世界杯的关注方式、内容选择、主题设计等都发生了巨大的变化。泛球迷达到了八成多，坐在电视机前（屏幕前）从头到尾专心关注赛事进行的球迷比例越来越低，全民狂欢的持续周期越来越短，球迷消费的形式越来越碎片化，球迷的关注点越来越分散，世界杯的"专业性"被进一步地消解，"泛娱乐化"的特征愈发突出。跨界解说、体娱融合、互动体验等得到了进一步的发展，世界杯本身所具有的观赏价值逐渐被话题价值所替代。在体育用户选择日渐丰富以及媒介消费日益碎片化、移动化、互动化、话题化的时代，各类体育传媒在进行体育赛事传播的过程中要开放视野，既要关注体育传媒本身所应有的专业性，又要大胆地进行"泛娱乐化"的尝试，突破"就赛事谈赛事"的局限，围绕赛事媒体版权做足娱乐文章，通过娱乐手段凝聚更多人群，进而促进"娱乐公众—泛体育公众—体育迷—体育参与"的实现，充分实现格伯纳涵化理论所蕴含的体育传媒"涵化价值"（郑大庆等，2011）[156]。

9.4.3 启示三：赛事媒体版权变现的多元化思维

版权变现是当前体育赛事版权市场关注的一大焦点，无论是腾讯体育当年以5亿美元购得NBA的全媒体版权，还是苏宁旗下PPTV体育以2.5亿欧元购得2015—2020年西甲版权、以2.5亿美元购得德甲版权、以7.21亿美元获得2019—2022年英超独家全媒体版权，都引发了业内对其变现的质疑。从目前来看，传统的赛事媒体版权运行主要通过自主运营的广告收入、版权分销、用户付费等方式进行变现。付费模式在国外虽然是赛事版权运作的重要收入来源，但在国内市场形态下依然远不成熟，天盛体育的失败就是很好的证明，且在国外这一收入占比正在呈现下滑的态势。广告市场成为国内当前赛事版权变现的重要来源甚至主要来源，多元的赛事节目形态加之其他广告市场的竞争，其生存局面也并不乐观，版权分销最终依然面临变现问题。而世界杯咪咕和优酷对于流量积累和流量导入的定位为赛事版权的运作，尤其是新媒体机构的运作提供了一个更加深入和关联性的盈利端口，为版权的运营提供了一个生态化的思维。

9.4.4　启示四:赛事媒体版权运作的碎片化趋势

腾讯企鹅发布的数据显示,世界杯观众关注的内容和形式愈发碎片化,观众浏览世界杯内容的形式中排在第一的是图文报道形式,占比 56.9%,成为最强资讯需求;赛事直播排在第二,占比 49.8%;短视频占到 38.1%;赛事录播、点播占到 34%。移动设备成为公众关注世界杯的最主要工具,选择这一工具的占到了 86.4%,远超电视的 46.1%、电脑的 28.3%,手机 App 成为公众关注世界杯的首选。四成多球迷观看世界杯相关短短视频,且 1~3 分钟长度最受欢迎。社交类 App 受到广大球迷热捧,游戏、短视频、社交 App 等成为世界杯期间的爆发点,吸引着大量的球迷与伪球迷。世界杯的碎片化关注让我们管窥到当前用户的碎片化特征,在各类赛事媒体版权运行中要抓住用户的消费习惯、形式、内容的碎片化趋势(于晗、金雪涛,2013)[43],制作出既具有专业属性,又满足用户习惯的体育赛事传播产品,促进赛事的最优化传播,吸引用户、留住用户,培育体育人口。

第 10 章　腾讯体育 NBA 赛事媒体版权的运营

10.1　腾讯体育及国内 NBA 赛事媒体版权发展简介

10.1.1　腾讯及腾讯体育简介

腾讯公司是一家成立于 1998 年，主要面向国内用户提供基于互联网多样产品与增值服务的大型企业。腾讯公司凭借 QQ、微信社交媒体产品的先导优势，积累数十亿中国用户，成为数字网络时代深嵌于中国社会生活方方面面的现象级公司。凭借庞大的用户人群红利，腾讯公司始终积极寻求基于互联网的各种创业、投资机会，开拓多元产业链条和创新业务体系，经过 22 年的发展，腾讯公司业已跻身世界企业 500 强之列，根据普华永道公司发布的 2020 年全球市值百强企业排名，截至 2020 年 3 月，腾讯公司市值达到 4 690 亿美元，位列全球第八。

2003 年，腾讯公司抓住国内互联网发展门户的时代浪潮，创立腾讯网，并迅速发展为国内互联网的四大门户网站之一（腾讯网、新浪网、搜狐网与网易网）。成立之初，作为一个综合性互联网新闻资讯平台，腾讯网下设新闻、科技、体育、财经、娱乐、汽车、时尚等频道，其中包括体育频道，它是腾讯体育的发展前身。目前，腾讯体育已经从腾讯网下面的一个垂直资讯频道发展为国内体育传播领域的重要、独立站点，成为知名体育赛事直播及信息服务平台。目前，腾讯体育主要提供国内足球、国际足球、NBA、CBA、综合体育、奥运、直播、彩票、竞猜等在线体育信息及增值服务，在国内体育类新媒体中始终占据优势地位。

10.1.2　NBA 中国新媒体版权简介

美国职业篮球联赛（National Basketball Association，简称 NBA）于 1946 年 6 月 6 日在纽约成立，从创立到现在，NBA 已成为由最初的 11 支球队发展至目前的 30 支球队组成的男子职业篮球联盟，并成为美国四大职业体育联赛之一，也是世界上水平最高的篮球联赛。由于 NBA 赛事顶尖的竞技水平、成功的品牌营销推广，在全球范围内积累了大量的赛事球迷。也正因此，NBA 的版权溢价惊人，比如，早在 2002 年，美国体育媒体巨头 ESPN 为了获得 NBA 的转播权，就支付了 6 年 24 亿美元的天价赛事转播版权；在国内，NBA 在中国的版权发展之路从最初的央视免费转播策略，一路水涨船高，现已发展为国内引进的最昂贵的国际体育赛事。

NBA 国内新媒体最早的合作伙伴是新浪公司。在 2010 年，作为国内老牌在线体育媒体及重要的社交媒体的新浪公司，与 NBA 签署了一份为期 3 年的转播合同，新浪公司以每年支付 700 万美元的价格获得 NBA 国内每天播放一两场 NBA 比赛的权益。3 年后，新浪公司以每年 2 000 万美元的价格拿下 NBA"2＋1"（两年合同，但第 3 年新浪有优先续约的权力）的授权，但同时带来巨大的盈收压力。2015 年 1 月，腾讯体育以 5 年 5 亿美元的高价从新浪手中夺取 NBA 2015—2020 年赛季的中国区新媒体独播权，奠定了其在中国篮球版权市场的垄断地位。2019 年 7 月 29 日，腾讯体育以 5 年 15 亿美元的天价续约，维系"NBA 中国数字媒体独家官方合作伙伴"身份，直至 2025 年的夏天（详情见表 10-1）。总体来看，10 年间，NBA 新媒体版权价格从年均 700 万美元上涨至 3 亿美元，版权溢价惊人，这一方面表明国内在线体育媒体产业日益蓬勃；但另一方面，天价版权也迫使版权竞得者，如腾讯体育公司不得不思考如何消化版权成本，如何将版权权益进行盈利变现。

表 10-1　NBA 国内主要新媒体版权一览表

版权持有年度	版权均价/(万美元/年)	版权总价/(万美元/年)	版权竞得方
2010—2013	700	2 100	新浪公司
2013—2015	2 000	6 000	新浪公司
2015—2020	10 000	50 000	腾讯体育
2020—2025	30 000	150 000	腾讯体育

注：根据公开资料整理。

10.2 腾讯体育NBA版权产业链的
运营环境与运营条件

在传统经济学理论中,企业投资行为是企业独立决策后的结果(石新国,2013)[157]。但是根据现有研究,企业之间存在由供求机制、竞争机制等市场机制产生的间接关联,以及由直接交流、观察学习等非市场机制产生的直接关联(李涛,2006)[158]。因此,如果从投资行为的角度来分析体育传媒企业的版权决策行为,可以从外部和内部两个方面对影响其版权决策(包括版权选择、版权运作等方面)的因素进行分析。从外部分析,涉及产业及市场环境,比如,产业发展情况、产业竞争态势、产业市场政策等;从内部分析,涉及企业自身版权运营的条件、资源、母公司战略协同等。在内、外部要素的综合作用下,企业会在特定时空和语境下生成特定的战略决策或选择。笔者认为,腾讯体育NBA版权产业链特定的外部环境及内部自身条件决定了其在体育赛事媒体版权市场中的投资,以及其运行上形成的以"长期、优质、稳定、深耕"为特征的战略决策。此外,由于腾讯体育竞得NBA赛事版权并着手运作始自2016年,并在2019年选择续约,因此本部分对腾讯体育NBA版权产业链运作的外部环境分析的时间跨度限定在2016—2019年前后。

10.2.1 外分析:腾讯体育NBA版权产业链的运营环境

在2016—2019年前后,腾讯体育NBA版权产业链运作环境整体较为利好。

1. 体育政策利好环境

自2014年以来,我国体育事业、体育产业发展受到党和国家以及全社会的高度重视,纷纷出台了多项国家战略、发展规划、行业政策推动体育事业和体育产业大发展。比如,《关于加快发展体育产业促进体育消费的若干意见》(2014年)、《体育发展"十三五"规划》(2016年)、《全民健身计划(2016—2020年)》(2016年)、《"健康中国2030"规划纲要》(2016年)、《关于加快发展体育竞赛表演产业的指导意见》(2018年),以及一系列支持各运动项目的专项政策文件。这些政策的出台为体育事业和体育产业的蓬勃发展建立了良好的政策保障体系,进一步扫清了体育产业发展障碍,也为体育赛事产业、体育信息服务业的发展提供了政策利好环境。

2. 体育市场经济进一步繁荣

我国体育市场产值不断增长,市场主体不断增加,体育健身和体育消费潜力加快释放,体育市场经济进一步繁荣。2018 年年末,体育产业法人单位 23.8 万个,从业人员 443.9 万人,占全部第二、第三产业的比重分别为 1.1% 和 1.2%。体育产业法人单位资产总计突破 3 万亿元,达到 31 498.2 亿元,占全部第二、第三产业的比重为 0.3%。体育产业企业法人单位营业收入 23 460.4 亿元,占全部第二、第三产业的比重为 0.8%。[159]良好的发展态势使得体育市场发展前景被进一步看好。

3. 体育信息服务业发展势头良好

由于网络信息技术向体育领域加快渗透,体育传媒与信息服务的发展日新月异。2018 年年末,体育传媒与信息服务领域法人单位 0.7 万个,全年实现营业收入 427.3 亿元,营业利润 80.2 亿元,在体育服务业 8 个领域中分别居第 7 位、第 2 位和第 1 位,营业收入利润率为 18.8%,位居体育服务业 8 个领域之首。[159]诸如腾讯体育、苏宁体育、体奥动力、PP 体育等迅速崛起。

4. 篮球成为国内顶级运动,NBA 篮球受众不断增长

首先,篮球运动在我国开展的基础条件较好,在各类运动项目中硬件设施优势明显。根据第六次全国体育场地普查数据(见表 10 - 2)公报(2014 年),在 82 种主要体育场地类型中,篮球体育场地数量排名第一,共计 59.64 万个,场地面积排名第二,约 3.58 亿平方米,且新增场地数量更是大幅领先于其他球类项目。[160]其次,我国篮球人口、篮球媒体受众众多。腾讯体育《2018 中国篮球调查白皮书》调查数据显示,在中国体育产业中,篮球已经成为第一运动。在 20 岁以下年轻人和 25～35 岁成年人两个典型群体中,反馈身边好友喜欢篮球最多的网民,分别为 52% 和 40% 左右,在所有运动中排名第一。其中,核心球迷 1.43 亿,泛球迷数量达到 4.82 亿,位于各个运动项目之首。[161]最后,美国知名数据分析公司发布的针对体育粉丝的调查报告显示,NBA 是目前在中国最受欢迎的体育联赛。它是赛事号召力、消费转化力、受众人口覆盖率最强的顶级赛事之一。

表 10 - 2　第六次全国体育场地普查场地数量排名靠前的主要场地类型情况

场地类型	场地数量/万个	数量占比/%
篮球场	59.64	36.32
全民健身路径	36.81	22.41
乒乓球场	14.57	8.87
小运动场	8.91	5.42
乒乓球房(馆)	4.87	2.97
合计	124.80	75.99

注:数据来源于公报。

但是同时,从市场博弈的角度来看,腾讯体育 NBA 版权产业链运作也面临着较多的限制性因素,处于较高的风险环境中。

① 非理智投资带来市场泡沫。伴随着国发〔2014〕46 号文的出台,一时间体育产业成为全社会瞩目的焦点。特别是处在整个体育赛事产业链最上游的体育赛事版权 IP 立刻成为资本市场追逐的香饽饽,众多投资者企图抢占竞争蓝海,不计成本地投资、融资、立项、烧钱,导致体育赛事版权价格不断高企,市场衍生大量泡沫,而最终过度溢价带来的企业运营成本将成为该产业长久、稳健发展的重大威胁,如乐视体育的衰败。

② 零和博弈的版权竞争游戏使得企业陷入集体非理性。零和博弈(zero-sum game)又称零和游戏,是博弈论的一个概念,属于非合作博弈。它是指参与博弈的各方在严格竞争下,一方的收益必然意味着另一方的损失,博弈各方的收益和损失相加的总和永远为"零",双方不存在合作的可能。在体育赛事版权市场中,由于体育迷们对优质、独家赛事版权具有天然的追随性,所以往往成为体育媒体企业快速获得竞争优势,乃至垄断优势的手段,这是企业自利性使然。但是,过度排他性的版权竞争策略需要支付高昂的代价,容易陷入零和博弈境地,即企业间通过越来越高的报价来获得垄断地位,以企图将竞争者逐出市场,哪怕超过企业自身所能承受的范围极限,最终导致市场主体全部陷入集体非理性的境况中。

③ 强势的赛事版权持有者使得体育媒体企业议价能力偏低,陷入不对等地位。鹬蚌相争,渔翁得利,由于在产业链中有体育媒体企业间过度非理性的零和游戏,无形中形成了卖方市场,赛事版权持有者(如联盟、俱乐部等)居于强势地位,具有较大的提价空间与决定权,而体育媒体企业处在被挑选的不利地位,因此,买方议价能力相对薄弱,常常以虚高的溢价咬牙拿下某版权。特

别是 NBA 赛事版权,由于国内众多体育媒体对其独家垄断的追求,使得其版权购买价格不出几年就会翻几倍,但是国内企业仍然会咬牙买单,陷入"赔本赚吆喝"的风险。

10.2.2　内分析:腾讯体育 NBA 版权产业链的运营条件

除了外部环境,腾讯体育 NBA 版权产业链运作也离不开企业自身的若干发展条件。和其他互联网体育媒体相比,腾讯体育的产业链发展条件独特而优越,版权产业链优势显著。

1. 资金优势决定版权竞争能力强

腾讯公司目前是市值全球排名第八、国内排名第二的超级互联网企业,其收入及毛利每年数额惊人,且稳步增长。腾讯公司财报显示,2016—2019 年度,腾讯公司每年分别年收入 1 519.38 亿元、2 377.60 亿元、3 126.94 亿元、3 772.89 亿元,毛利每年分别为 844.99 亿元、1 169.25 亿元、1 421.20 亿元、1 675.33 亿元。[162]而在版权价格高企的竞争格局下,版权竞争有极高的资金门槛。因此,资金雄厚、财务状况良好的母公司为腾讯体育在 NBA 版权产业链的竞争和运作中提供了强大的支持和保障。此外,对版权持有者来说,其版权售卖对象的选择也并非唯金钱至上。它需要综合考虑长期收益和短期收益的平衡,同时还希望版权售卖对象在支付高额版权费的同时能够推动版权赛事的进一步发展,比如,赛事社会影响力的提升、赛事人口覆盖面的扩大等,因此,它们也会尽量避免短期不稳定的高价版权合同。而此时背靠大树好乘凉的腾讯体育获得了先天的竞争优势。

2. 平台优势决定版权转化能力强

对于体育新媒体来说,竞得版权只是第一步,如何在版权基础上开发、利用、衍生出高增值度的产品和服务,即版权高价值转化才是关键。很多走全面版权战略的在线体育媒体公司,虽然高价收割了大量版权,但是由于相关转化能力薄弱,犹如积食不化,带来版权的"消化不良",如乐视体育,转化的主要形式还是以版权的免费在线直播为主。腾讯体育所在的腾讯公司拥有国内最大的社交媒体生态,拥有庞大的产业链条体系。其社交媒体平台(如微信、QQ等)、数字内容平台(如腾讯体育、腾讯视频、企鹅直播等)、游戏平台等都可以成为 NBA 版权的转化渠道。

3. 用户优势决定版权增值能力强

腾讯公司 2020 年上半年公司财报披露,微信及 WeChat 的合并月活跃账户数为 12.06 亿,QQ 的智能终端月活跃账户数为 6.48 亿,收费增值服务注册账户数为 2.03 亿。[162]核心产品用户几乎覆盖了我国绝大多数的人口,是名副其实的国民级互联网产品。庞大的用户基数带来的是企业生态的乘数效应,因为对于互联网来说,当节点累积到一定程度后,关系的价值开始迸发。微信、QQ 已经深度连接人们的社会交际网,成为人们数字化生存的基础。此外,在如此广大的用户中,同时还有相当一部分的比例注册了腾讯公司的收费增值服务,以付费的形式享受在线增值服务。腾讯体育借助母公司庞大的用户优势及既往增值服务经验,为以后积累用户数量、开发用户价值、提高高净值用户比例创造了优势。

4. 业务优势决定版权制作能力强

腾讯体育创立自 Web 1.0 时代,是国内最为老牌的在线体育媒体之一。在其竞得 NBA 版权之前,深耕国内体育赛事传播领域近 13 年,积累了较为丰富的赛事直播、节目制作的经验和团队,位列国内体育新媒体领域顶级梯队。因此,在开发相关产品的时候,能够迅速调动已有资源和团队,进行赛事版权内容的专业化制作。

通过上文分析可以得出,腾讯体育在进行 NBA 版权竞争以及后期的运作过程中,其所处的外部环境既有体育政策利好环境、体育市场经济进一步繁荣、体育信息服务业发展势头良好、篮球成为国内顶级运动、NBA 篮球受众不断增长等机会环境,也存在着非理性投资带来的市场泡沫、零和博弈的版权竞争游戏使得企业陷入集体非理性、强势的赛事版权持有者使得体育媒体企业议价能力偏低且陷入不对等地位等方面的风险环境。

此外,腾讯体育自身内部条件和资源(资金优势、平台优势、用户优势、业务优势)优越。最终,这些外部机会与风险环境、内部资源与条件,促使腾讯体育逐渐形成了关于 NBA 版权产业链运作的策略,即长期、优质、稳定、深耕。长期是指以长期持有某个版权为运作目标,追求长期效益而非短期注意力;优质是指避免走全面版权策略,重点选择市场成熟度高、受众基础好的优质项目;稳定是指为了确保版权运作实效,在版权持有上尽可能签订长时间跨度的合作协议,在具体运作上也尽量避免高风险的投资及运营模式;深耕是指力图通过深入版权内容进行专业化开发,提供高质量、强影响力的 NBA 赛事内容服务产品,具体产业链的运作执行见下一节。

10.3　腾讯体育 NBA 版权产业链的具体运营

10.3.1　产业链上游垄断

不同于实施全面版权战略的乐视体育、苏宁体育等公司,腾讯体育并不追求在版权持有总量上的全面优势或者在版权种类上的大包大揽,而是先有一个清晰的内部企业定位,再根据定位去执行外部市场版权竞争策略。对于腾讯体育而言,"普遍撒网"的水平战略风险过高,且经过业内检验也并非良方,反而倾向于"重点培养"的垂直战略,即版权运作的主要目标对象是国内群众基础好、社会普及度高、受众人口年轻、消费能力强的篮球运动这一重点项目,并进行深耕运作。在此基础上形成的企业定位为:建立国内最顶尖的篮球权威、专业的在线媒体平台。为了匹配这个定位,其需要在产业链的源头就进行控制,因此,腾讯体育实施重点项目的强势版权竞争策略,通过高价大举收割、垄断国内外篮球类的优质版权,确保在篮球媒体服务领域的独家垄断地位。

因此,近年间,腾讯体育为了强化篮球领域的霸主地位,不断向上游延伸,通过版权购买以及与上游赛事组织方、机构、联盟合作以强化其权威、垄断地位,见表 10 - 3。在篮球赛事上游版权方面,重金收割了 NBA、CBA、FIBA、NCAA 等组织赛事版权,基本做到了篮球赛事领域的垂直垄断地位;在篮球赛事上游关系维护方面,与 NBA 建立中国数字媒体独家官方合作伙伴关系、与 CBA 建立联赛赛事视频 OTT 官方合作伙伴关系、与 FIBA 建立全面合作伙伴及独家数字媒体官方合作伙伴关系;在篮球赛事上游自建 IP 方面,创办并连续多年跨界举办了腾讯超级企鹅篮球名人赛、承办了 CBA 夏季联赛暨长三角职业篮球俱乐部挑战赛。这一系列的举动表明,在赛事版权上游,腾讯体育形成了以 NBA 赛事版权为核心的国内外重点篮球赛事版权的重度垂直垄断、建立与重要篮球上游组织方强势紧密的合作伙伴关系,以及在篮球赛事领域自建高度娱乐化的赛事 IP,从而形成在产业链上游的重点介入,提升自身在上游的话语权,确立了在国内篮球媒体中的优势地位。

表 10-3　腾讯体育篮球赛事产业链上游运作情况一览表

类　型	基本情况
篮球赛事版权持有情况	2015—2020 NBA 网络独家直播权 2020—2025 NBA 网络独家直播权 2015—2017 CBA 两个赛季全场次直播版权 2017—2020 CBA 三个赛季非独家新媒体全场次版权 2017—2025 FIBA 中国区 9 年独家赛事直播及相关内容 （包括世界杯、洲际杯、奥运落选赛与青年锦标赛等） NCAA 美国大学生篮球联赛常规赛
篮球赛事关系维护情况	NBA 中国数字媒体独家官方合作伙伴 CBA 联赛赛事视频 OTT 官方合作伙伴 FIBA 全面合作伙伴、独家数字媒体官方合作伙伴
篮球赛事自建 IP 情况	2016 年至今创办腾讯超级企鹅篮球名人赛 承办 CBA 夏季联赛暨长三角职业篮球俱乐部挑战赛

10.3.2　产业链中游深耕

体育赛事版权产业链的中游环节主要是指体育媒体围绕着上游竞得的赛事版权，发挥媒体内容生产制作优势，面向受众市场推出的各种体育信息产品与服务，是体育媒体赛事版权产业链的横向延伸，比如，赛事直播产品、赛事新闻资讯、赛事综艺、赛事游戏、赛事社区等。在腾讯体育 NBA 赛事版权的中游开发中，其秉持深耕的原则，主要在内容生产过程中突出专业主义与娱乐精神属性，强化自身 NBA 赛事横向内容产品的质量与传播度。

1. 专业主义保障内容生产的质量

腾讯体育为了打造国内权威一流的篮球在线媒体的地位，在 NBA 版权内容制作时着力在技术、人才团队等方面秉持专业主义以提高内容生产质量。在技术方面大胆尝试专业化的前沿技术，强化在线直播视觉表现力，提升受众观赛体验。比如，将 AR 技术与 VR 技术结合使用，引进美国 ESPN 在赛事转播中运用的高科技技术，为观众提供了全景的观赛视角"上帝视角"，在赛事直播的间隙运用 3D 科技进行实时的战术分析，运用 VR 技术"Virtual3"为观众带来更加真实的观赛体验。在赛事剪辑方面应用"IBM AI Vision 视觉大脑"进行高效剪辑等。在人才团队方面，打造了高度专业主义的、国内最顶尖的体育赛事解说团队。腾讯 NBA 在选择主持解说人员时也是有一定标准的,致力于寻找资深的 NBA 记者以及资深媒体人,这样在解读比赛时才能够做到精准专业,比如,王猛、王子星、段冉,等等;有着丰富经验的解说嘉宾团队:苏群、杨毅等,还有王仕鹏、马健、李克、霍楠等高水平退役篮球运动员加盟。此外,腾讯体育还与国际顶级的体育媒体 ESPN 合作,共享其专业化的制播内容及制作经验,包括以中文呈现由 ESPN 明星写手、体育专家生产的独家资讯,以及在数据分析、采访环节等周边内容上得到了 ESPN 的独家资源支持。

2. 娱乐精神保障内容生产的传播度

如果说高度专业主义的内容服务产品瞄准的是国内 NBA 赛事 1 亿多的核心篮球球迷,那么腾讯体育在产业链中游内容生产环节中强化娱乐精神则是面向国内 NBA 赛事 4 亿多的泛篮球球迷。因为通过在产品服务中注入娱乐精神,可以大大降低内容产品及服务的大众门槛,提升内容的可看性、传播力等。在实际运作过程中,如采用美女主播的形式放大粉丝效应。腾讯 NBA 打造了一个外形靓丽的女主播团队,形成了主持、嘉宾以及女主播三人的一个赛事直播模式,这种引入女主播的模式在篮球赛事直播间是一个创新,这些女主播不仅外形靓丽,重要的是还懂球,虽然达不到专业解说标准,但是也能用基本的篮球术语和球迷进行互动,可以激发人们的观看兴趣。

此外,在节目中还加入了诸多娱乐化环节,丰富节目的趣味性。比如,腾讯 NBA 在进行赛事直播时开通弹幕、赛事论坛以及留言箱等多种互动方式。在直播的过程中,观众可以自由进行弹幕发言,兴趣相投的观众之间还可以结交好友,一起探讨比赛的胜负。此外,腾讯 NBA 在直播过程中还设计了许多游戏环节,诸如"我要上暂停""体育小商店""摇一摇"等能够和观众进行交流互动的小节目。比如"我要上暂停",这个环节是在比赛中官方暂停或者是球队请求暂停的间隙,导播会迅速切回到演播室,根据每场比赛之前推送的话题,号召观众积极发送照片,并配上留言。

10.3.3　产业链下游整合

媒介融合理论多从技术融合、组织融合、生产融合等角度考察新媒体时代的信息生产变革,但美国文化学者亨利·詹金斯等倾向于从文化视角看待媒介融合现象。他们认为,媒体融合是指"横跨多种媒体平台的内容流动、多种媒体产业之间的合作以及那些四处寻求各种娱乐体验的媒体受众的迁移行为"（亨利·詹金斯，2012）[163]。也就是说，融合本质上是文化内容在不同平台媒介上的自由流通。"融合既是一个自上而下公司推动的过程，又是一个自下而上消费者推动的过程。公司融合与草根融合同时并存，媒体公司正在学习如何加快媒体内容跨越承载渠道的流动，以扩大盈利机会、拓展市场以及增强观众忠诚度。消费者也在不断学习如何利用各种不同的媒体技术使媒体内容流动更全面地处于他们掌握之中，以及与其他消费者进行互动。"（亨利·詹金斯，2012）[164]因此，对于持有文化内容版权的媒体企业来说，内容 IP 符合显著的边际收益递增规律，如何把它延展至不同媒介渠道，推动内容 IP 在不同渠道中提升覆盖、增值流动成为数字网络时代重要的竞争手段。

腾讯集团的战略十分契合詹金斯的媒介文化融合理念。腾讯公司非常重视内容生态链条的融合，曾调整集团业务架构创立的"内容与平台事业群"业已成为腾讯集团七大事业群之一。该事业群坚持推进"大文娱战略"，提出泛娱乐概念，企图打造一个庞大的内容生态圈。其官方定位为"推进互联网平台和内容文化生态融合发展，整合 QQ、QQ 空间等社交平台和应用宝、浏览器等流量平台，以及新闻资讯、视频、体育、直播、动漫、影业等内容平台，为内容生态创造更好的生长环境。同时，以技术驱动，推动 IP 跨平台多形态发展，为更多用户创造多样化的优质数字内容体验。"（详见图 10-1）。

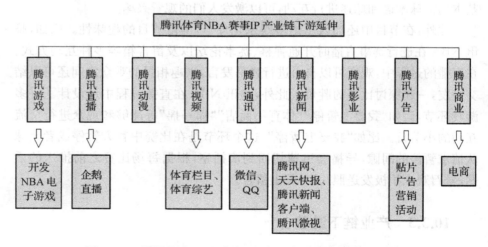

图 10-1　腾讯体育 NBA 赛事 IP 产业链下游延渗透情况简图

得益于腾讯集团强大的内容商业生态及产业链条，腾讯体育通过产业链下游整合的方式，将 NBA 赛事版权打通、渗透至腾讯集团的各个不同的媒介渠道中去，促进 NBA 版权内容的自由流通，扩大版权效应，带来收益的递增。

同时流动的 NBA 赛事 IP 也能强化腾讯的生态帝国版图,丰富盈利变现能力。其延伸、渗透、融合的方法主要借助于会员制度联动、用户流量互惠、内容关联、IP 深度整合开发等方式。比如,除了腾讯体育以外,观众还可以直接通过腾讯视频、企鹅直播等方式收看直播,且其会员权益有共通设计;腾讯游戏获得了 NBA 官方授权开发篮球类游戏;腾讯视频与腾讯体育等一同打造富含 NBA 运动元素的体育类综艺节目《超星运动会》;腾讯新闻客户端、腾讯网、天天快报 App 等可以实时推送 NBA 相关新闻资讯。此外,在腾讯体育 App 本身还设有电商导流链接,引导用户跳转至相应的运动产品购买平台;腾讯还借助自身的大数据营销平台,面向企业用户提供精准覆盖的 NBA 内容贴片广告服务。

腾讯体育通过对 NBA 版权产业链进行上游垄断、中游深耕、下游整合,逐步确立了国内最权威的篮球赛事转播新媒体平台的地位。《腾讯体育 NBA 年度大数据报告》显示,2018 年,腾讯体育带来的 NBA 直播场次达到 1 491 场,其中付费场次占比高达 72%。2017 年,腾讯体育运营总经理赵国臣表示,腾讯体育"付费用户收入目前占比超过 10%,在 15% 左右,我希望未来能够超过总收入的 50%,甚至能够达到 60% 或者 70%"[165],这在国内在线体育媒体中是遥遥领先的。

但是,腾讯体育 NBA 赛事版权运作过程中也存在一些问题,比如,在政治方面,受制于国际反华势力、政治干扰因素等加剧赛事版权运营前景的不可控因素;在内容制播方面,过度娱乐化带来的 NBA 传播的低俗化现象,不利于正向体育精神的弘扬;在版权持有方面,越来越细分的新媒体版权导致垄断版权策略执行的难度较大,如短视频、社交媒体版权被其他媒体占据;在市场竞争方面,议价能力偏低造成版权成本压力不断上升,盈利变现压力始终存在,需要创新调整。这些是腾讯体育在 2020—2025 年 NBA 赛事版权运营阶段要去迎接的挑战和解决的问题。

第 11 章　我国体育赛事媒体版权产业链的运行路径

通过前面的案例分析,我们能够梳理出体育赛事媒体版权产业链运行的基础路径。

11.1　体育赛事媒体版权的"前向延伸"

在体育赛事媒体版权产业链中广泛存在着"买"和"做"的探索,比如,在赛事版权资源的获取上,我国体育赛事媒体版权主要通过购置的方式获得,由于近年政策红利、市场需求、资本狂热等多元诱因推动了赛事媒体版权的价格高企,为赛事媒体版权价值变现带来了较大的困难。基于此提出了体育赛事媒体版权运行在原有简单的"买"的做法上展开"做"的探索,针对赛事的版权探索了"组织间合作"和"自主 IP"培育等方式来降低前端成本。

11.1.1　与赛事组织合作和作为赛事举办的合作伙伴或入股赛事公司

由于体育赛事版权具有突出的排他性,各类媒体企业争相布局上游稀缺性的版权资源以获得独家版权,致使上游稀缺性资源、大型体育赛事版权的价格不断走高,致使资本变现乏力,导致大部分媒体企业处于低收入甚至负增长阶段。因而媒体企业要实现对上游赛事媒体版权的布局,须逐步渗透到赛事版权的"骨髓"中去。体育媒体机构对赛事的渗透,本质上是组织间合作的一种体现,即体育赛事媒体企业与赛事组织间的协同合作,意指体育媒体组织通过资本或为体育组织制造需求的形式来实现媒体对上游体育赛事媒体版权的渗透,进而实现对上游体育组织的深度整合,从内容生产者、赛事运营者转变为"参与游戏规则"制定的关键角色。

　　一方面,体育媒体企业可以通过全资、合资、入股赛事公司等方式控制职业联赛、洲际比赛、国际比赛的赛事版权,掌握对赛事版权的绝对控制权与话语权。当然,奥运会和世界杯等最高端赛事版权不在其列。比如,2016 年 6月,苏宁体育产业集团通过认购新股及收购老股的方式以约 2.7 亿欧元的价格获得了国际米兰俱乐部 68.5％的股份;星辉互动娱乐公司以超过 1 400 万欧元的价格购入了西班牙人俱乐部 45.1％的股份;2016 年 8 月,中国财团以 7.4 亿欧元收购了米兰 99.93％的股份。这些尝试不乏是一种对上游赛事版权资源渗透的良好发轫。

　　另一方面,体育媒体企业也可以与赛事组织进行合作(包括国际和国内各类体育组织),实现媒体对体育赛事的介入,即指媒体企业试图借由机构本身的专业优势参与体育赛事的办赛过程,作为赛事举办的合作伙伴来构建稳定的组织间关系。这种介入是媒体企业试图摆脱赛事版权资源的控制,以强化自身话语权的一种尝试。突出并强化媒体企业自身的专业优势,在项目普及、俱乐部建设、职业化发展、市场开发推广等方面进行战略合作,为体育赛事组织制造特定需求进而产生对媒体企业的"依赖性"。

11.1.2 "培育自主 IP"

　　这是媒体在充分的市场调查和自身能力分析的基础上选择合适的赛事进行自主培育,打造自主品牌,并探索各种方式的运行机制。比如,环法自行车赛就是在 1903 年由 L'Auto 报纸(法国《队报》的前身)所创办的;1993 年,ESPN 推出了 X-Games 赛事,并打造成了自主品牌,包括自行车特技、滑雪板竞速、街头雪橇等青少年喜欢的项目,增加了受众的交流和互动,同时也为自己的节目提供了素材。又如,万达在国际足联的授权下独家举办国际 A 级足球赛事"中国杯",阿里体育打造世界电子竞技运动会(WESG)等就是很好的尝试。

　　对于媒体体育企业来说,对线上赛事资源的培育与开发有着得天独厚的优势。受到新冠疫情的影响,在线下赛事面临停赛的考验下,电竞赛事掀起一股热潮,线上赛事如雨后春笋般苗壮成长,同时其价值也逐步凸显。当然在赛事的前向延伸中不仅仅要聚焦稀缺性体育赛事,诸多的大众型体育赛事也拥有着广泛的群众基础,能够吸引特定的消费人群。正是意识到群众性体育赛事本身所包含的巨大价值,体育媒体组织开始尝试进行自主的赛事资源的开发,由此保障媒体的报道权利,获得更大的经济效益。中央电视台旗下的中视体育娱乐有限公司依托央视的强大资源,培育了属于自主知识产权的品牌赛事,诞生了多档以群众体育赛事为主要内容的体育真人秀节目——《谁是球王》《狮王争霸赛》《世界女子职业九球争霸赛》等。大众赛事的最佳切入点就是与娱乐化相结合,体育赛事与娱乐天然地存在着密不可分的关联。以跑步这类轻体育为例,在赛事的组织中制定不同的主题或者线下场景,放大体育的趣味性、娱乐性,增强互动感,从而更容易培养新的大众赛事 IP,比如,ColorRun、MusicRun 等。

11.2 体育赛事媒体版权的"横向整合"

11.2.1 体育赛事媒体版权的联合购买

1. 体育赛事版权引进的非合作博弈

1944 年,美国学者冯·诺依曼(Von Neumann)和摩尔根斯坦(Morgenstern)在合作的《博弈论和经济行为》中首次提出了博弈论(Game Theory)的概念,它是用来分析战略行为的一种方法。所谓战略行为,是指考虑到预期的其他人的行为并在相互承认彼此之间的关联性之后再采取行动的行为方式。李楠、王秀繁(2010)[166]、肖海霞(2004)[167]认为,博弈论关注的是意识到其行动将相互影响的决策者的行为。按照参与人之间是否达成具有约束力的协议,它可以分为合作博弈和非合作博弈。合作博弈主要研究人们达成合作的条件及如何分配合作得到的收益,即收益分配问题;非合作博弈主要研究人们在利益相互影响的局势中如何决策使自己的收益最大,即策略选择问题。合作博弈和非合作博弈的区别在于人们的行为相互作用时,参与人能否达成一个具有约束力的协议,若能,就是合作博弈;若不能就是非合作博弈。合作博弈强调的是团体理性、效率、公正和公平。非合作博弈强调的是个人理性、个人最优决策,其结果可能是"理想"的,也可能是"不理想"的。

任何企业都是理性的,其目的是攫取市场利益。而当前获取体育赛事版权,尤其是稀缺性的体育赛事版权被认为是占领体育产业市场高地的重要手段。诚如业内人士所描述的："不少新媒体的出价策略就是以攫取资源、不计成本为出发点,最终能否收到回报,可能还需要几年的时间周期才能一见分晓。"[168]诸多市场主体在引进赛事版权的过程中首要考虑的不是能否盈利,而是势在必得,力图将优质赛事版权资源进行囤积,形成对市场竞争主体的版权库存优势。在这一战略定位下,诸多主体争相引进国际优质赛事版权,推高了版权价格,是典型的非合作博弈。

2. 联合购买:从非合作博弈到合作共赢

体育赛事版权引进竞争是促进市场完善、价值回归的良好机制,近年来,我国体育赛事版权市场的活跃无疑为我国体育赛事产业的发展带来了新的发展动力。但是我国的体育产业包括体育赛事产业、体育媒介产业等尚处在发展的初期阶段,当前的产业发展特征具有典型的"资本狂热性"。诸多市场主体在尚未摸清基本的盈利模式和赛事版权自我盈利空间的情况下,便展开了疯狂的版权扫货。在这一环境中,各版权引进主体处在典型的"囚徒困境"中,即不提升版权报价就有可能失去获取版权的机会,而提升了版权价格即便获得了版权也会背负沉重的获得成本。

这种市场的"集体行动"带来的将是典型的"损己利人":一方面,为了确保版权的获得,各市场主体在综合博弈的基础上不断地提高自己的版权报价,尤其是国际性的顶级赛事版权,版权价格的高企带来的是自己经营成本的急剧升高。目前我国的体育赛事版权,尤其是媒体版权开发多元化的渠道还没有被有效打开,西方发达国家的付费模式至今还在不停地摸索中,而媒体版权运作中的广告资源被不断地稀释,加剧了我国媒体版权经营的压力。另一方面,这种自抬价格的做法,在预支乃至透支自身资金实力的同时却在不断地丰盈赛事版权的所有者,内部竞争提高了赛事版权所有方的话语权。同时,源于这种非合作博弈的内耗,无论是在讨价还价能力还是在话语地位方面都哄抬了赛事版权的销售方。从长远来看,无论是对通过高价引进赛事版权的主体,还是对我国的整个体育赛事版权产业都是一种较为不利的做法。基于此,笔者通过博弈分析认为,我国体育赛事版权引进主体可以尝试实施合作博弈的引进策略——联合采购。

联合采购是基于"竞合"的赛事版权引进战略,也就是采取"体育媒体组织间合作"的形式,对特定的稀缺赛事资源实现联盟式的共同采购,来减少盲目恶性竞争带来的损失。所谓联盟式的共同采购,是指媒体组织之间自愿联合、民主管理的互助性经济组织。这种经济组织的出现主要是在企业追求自身利益的基础上,为实现某些共同利益而采取合作行动的结果。它既可以是实力雄厚的企业兼并多家微小企业建立起体育赛事媒体龙头公司,也可以是多家企业自愿达成协议的战略联盟(见图 11 - 1)。通过对资源端的联合采购,在卖方数量保持不变的同时,在一定程度上减少了买方数量,避免蜂拥购买抬高价格,改善了买方各自为政的局面,提升了联盟整体的议价能力,能够在资源端与内容提供商达成合作,有效降低恶性竞争。在联盟式联合采购的运行机制下,企业战略联盟组织将成为整合体育媒体组织的主体,既可以充当中介进行集中竞价,也可以进行某些特定项目的联合开发。比如,苏宁体育和咪咕视频联手打造咪咕—PP 体育联运平台,建立同类媒体的合作同盟,又与当代明诚和体奥动力联合运营欧洲五大联赛、欧冠、亚冠等体育大 IP,实现"赛事运营＋内容平台＋互联网智能化"三管齐下的运营模式来对体育赛事版权进行利益最大化的开发。

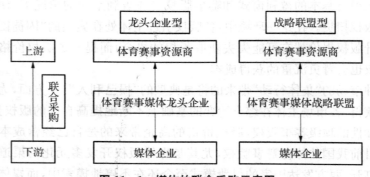

图 11 - 1　媒体的联合采购示意图

　　实际上,联合采购的形式不仅仅局限于联盟式的采购,也可以在赛事购买的过程中采用合作博弈的联合购买方式。有赛事媒体版权需求的媒体、公司通过协同合作方式实现联合采购,提升议价能力,降低成本,版权获取后再进行运营。比如,近些年伴随着版权的急剧飙涨,FOX、ABC、NBC 等便联合起来购买 NFL 的版权,在不同的时段购买,从单一的竞争走向了竞合。体育赛事版权的引进实施合作博弈需要建立良好的引进联盟、合作磋商、利益分享、风险分担、合作协调等机制才能够促进合作共赢的实现(见图 11 - 2),进而建立体育赛事版权引进联盟。合作博弈较为成熟的模式就是形成一个相对稳定的合作联盟,在体育赛事版权引进领域,包括赛事的承办权、媒体版权、特许经营权等等通过合作博弈的方式降低各类资源的引进成本,减轻成本回收压力,从而提升整个行业的议价能力,通过这种议价能力的提升来节约赛事版权引进支出,为版权的后备开发预留更多的资金,以更好地布局赛事版权运营中的其他要素环节(如人才、市场推广、硬件配置等)。

① 建立必要的引进合作联盟及其组织架构。想要达成这种合作就需要建立必要的引进合作联盟,并在引进合作联盟的基础上建立必要的组织架构。这一合作组织可以通过两种形式来实施,一种是基于常态化合作的稳定化联盟合作组织。市场中从事体育赛事版权相关的各类主体可以基于利益诉求成立稳定的合作组织,并由各主体派出固定联系人成立跨企业组织架构,由这一组织代表联盟行使体育赛事版权的引进事宜。另一种是对特定赛事临时搭配的引进同盟,可以基于项目建立临时性合作组织。当然在联盟成员的选择上最好是基于核心能力互补,选取具有资源、能力、资金等互补优势的行动主体进行联合,其一,这种合作的可能性较大;其二,这种合作的利益增值空间更强。

② 建立有效的合作博弈的磋商与协调机制。良好的合作磋商机制是合作博弈与非合作博弈的重要区别。市场各主体本身是相互竞争的主体,要达成一个为了整体长远利益而建立合作联盟的目的,就必须有良好的合作磋商机制,在这一机制中各市场主体具有相对平等的话语权。体育赛事版权引进同盟有效磋商是指如果联盟行动人行动策略的一个可行变化可以使所有合作伙伴都受益,则在实际磋商中,他们就会同意做出这样的策略变化(周韬等,2011)[169]。而有效的磋商是建立在有效的沟通基础之上的,体育赛事版权引进联盟成员往往具有地理空间上的差异性,难以对联合采购的各类事宜进行面对面的时时交流与沟通,而现代传播技术为此提供了可能,因此必须建立基于现代技术的沟通管理体系。在决策与沟通中采用模拟采购、模拟谈判、虚拟管理等技术手段来提高合作磋商的决策基础、管理水平和沟通效果。良好的沟通一方面是为了确保策略的优化及联盟利益的总体提升;另一方面是让各方参与人能够确信合作利益的实现,对于暂时利益受损的行动方要使其相信损失只是暂时的,并通过利益协调进行相应的利益补偿。

③ 建立公平、合理的合作博弈的利益分享与风险分担机制。在博弈中,利益是合作的起点也是目标,各市场主体之所以愿意结成联盟,是源于对利益最大化的追求,因此,联盟一定要建立公平、合理的利益分配机制。公平、合理的利益分配机制可以从两个维度来着手,第一,要满足个体理性、集体理性和联盟理性,在联盟框架下的收益一定要优于个体行动收益,这是联盟存在的前提,即存在合理性的基础,也就是合作博弈联盟成员利益的可加性[170];第二,在进行分配中根据各方的贡献率进行分配,成员的随机 Shapley 值将会满足

个体理性,每一个行动人都有着自身的参与期待值,而对于利益受损较为严重的参与方应该给予利益补偿(张汉飞,2013)[171]。任何市场行为都有一定的风险,基于合作博弈的体育赛事版权引进联盟处在市场环境中,遵循市场基本规律,也不可能完全无风险,而风险则有可能带来联盟收益的受损。比如,在进行赛事媒体版权引进中,如果因为不可抗力导致赛事在应有时间范围内没有如期举行或被取消,而这些是法律责任豁免的领域,在这种情况下联盟就需要承担风险带来的利益损失。因此,要建立合理的风险分担机制。

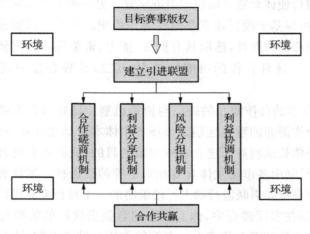

图 11 - 2　体育赛事版权引进的基本框架

11.2.2　体育赛事媒体版权运作的资源整合

1. 赛事资源的共享

在体育赛事 IP 价值被充分挖掘之后,国内体育赛事媒体平台相继开启了抢夺赛事版权资源的竞争,如今已经形成了体育版权 BAT 时代。包括百度旗下的爱奇艺体育、阿里巴巴旗下的阿里体育与优酷体育、腾讯体育在内的这三大媒体平台,几乎垄断了我国体育赛事媒体版权资源,然而这三者在获取体育赛事资源的道路上采用的方式便是与其他体育媒体平台合作,共享赛事资源,互惠互利。例如,阿里巴巴与苏宁的合作,苏宁在赛事资源上的布局非常全面,经过多年的经营,已经占据了国内大约 90% 的体育赛事版权资源,其中在足球赛事方面已经成为名副其实的独家转播商巨头,囊括了中超联赛、亚冠联赛、欧洲联赛、中国之队等知名足球赛事版权,以及 UFC、WWE、排超等垂直精品赛事版权。2018 年,阿里巴巴宣布与苏宁体育达成合作伙伴关系,对苏宁体育进行战略性投资。其旗下的优酷体育成为其与苏宁合作的重要载体,主要与苏宁旗下的 PP 体育对体育赛事资源进行深度合作,形成优酷 PP 体育联合运营平台,打造全新的优酷体育专属频道。2018 年的俄罗斯世界杯上双方便展开了合作,优酷体育获得了苏宁体育对世界杯的赛事转播资源,通过咪咕进行了全方位的直播,得到了一致好评,这也标志着阿里巴巴开始全面进入体育内容产业。

2. 直播技术的共享

体育媒体平台想要抓住观众的眼球,短时间内快速积累用户资源,除了需要独具特色的赛事资源以外,更重要的就是最直观地呈现给受众的直播感受。这种直播感受能够带给观众一种全新的体验感,然而这种体验感则取决于体育赛事媒体平台的直播技术水平。在国内并不是所有的媒体平台都能够拥有最先进的直播技术手段,大多数媒体平台都会存在赛事直播清晰度不够、直播界面转化卡顿、信号不稳定等问题。因此,媒体平台之间进行相互合作,共享先进的直播技术成了一种新的趋势。例如,在 2018 年俄罗斯世界杯赛期间,阿里体育与优酷体育之间进行了直播技术的共享合作,依靠阿里云先进的直播技术手段以及优酷的 50 帧极清直播让 2018 年的夏季成为广大球迷最欢愉的时光,为其创造了最安全、最迅速的世界杯赛事直播,得到了球迷的一致好评。

腾讯体育的极速高清技术又叫"智能动态编码技术",主要利用机器深度学习,通过视频场景智能分类、编码参数匹配、前置处理、编码动态优化、码率智能控制、detailreduce、ROI 处理等技术和流程,对直播或者点播视频流进行智能处理,以匹配最优编码参数,从而以更低的带宽成本给用户提供更高清的视频直播流。在世界杯期间,央视网选择接入腾讯云极速高清服务。"世界杯开幕赛期间,在各家直播问题频出的同时,正是凭借腾讯云极速高清技术支持的央视影音,一举实现了口碑的逆袭。"[172]

3. 人才团队的共享

人才可以比作一个企业运行的引擎,决定了企业能否更进一步发展。对于新媒体行业来说,拥有一个好的媒体运营团队则决定了该媒体平台的未来前景。然而人才的培养是需要时间的,媒体平台众多,想要真正地做好新媒体平台必须建立高水平的人才团队,因此人才团队之间的合作与共享也逐渐成为一种变相的竞争趋势。例如,如今版权市场已经成了 BAT 时代,腾讯体育做出了版权细化的战略决策,为 NBA 进行量身定做,在直播团队运营方面,从幕后到直播间已经打造出了成熟的篮球特色团队。阿里体育作为电商转型走向体育赛事市场的新人,早期在团队运营方面进行了多次的磨合,在世界杯期间,联合了阿里云、阿里体育、UC 浏览器等阿里生态相关部门共同协助优酷进行团队人才的合作与共享,借助于各个部门的团队精英,保障了赛事的正常直播,并且有效地形成了阿里的生态联动。

此外,能够最直接地打动人心并渲染赛事氛围的便是直播间的主持人与解说嘉宾。阿里旗下的优酷体育与苏宁旗下的 PP 体育的合作为两者之间带来了非常高的收视率,PP 体育成立的时间非常早,直播的赛事也非常多,因此旗下有很多业内著名的解说员,包括詹俊、黄健翔、苏东、董路、李欣、娄一晨、刘越等一众业内名嘴。其衍生原创节目《足球解说大会》也是在默默地发展新生代解说员,可以说在主持解说团队方面非常强大。两者之间的合作共享了主持人与解说员,包括詹俊在内的解说员不仅是苏宁体育的专属解说员,也成了优酷体育的合作解说员,为双方都获得了非常高的收益,创造了双赢的局面。

4. 下游渠道的共享

体育赛事媒体平台不仅仅需要将自身核心产品赛事的直播做好,还需要更好地完善自身的生态产业链布局,合理地运用好积累的用户人群,结合体育产业生态布局,开发下游的赛事衍生产品,扩展个性化服务。然而,并不是每一个媒体平台都能够拥有庞大的受众基础、全面的产业链生态布局。因此,媒体平台之间可以将竞争关系转换为合作、同盟的关系,在渠道上实现共享,形成优势互补。例如,电商出身的阿里巴巴拥有着全球最庞大的受众基础;苏宁体育拥有着最全面的体育产业生态产业布局。双方共享销售渠道,在新零售领域以体育产业为抓手形成了协同发展,在泛娱乐化全生态产业链中进行深度合作,为双方都带来了全新的商业机遇。在世界杯赛事直播期间,苏宁体育与阿里体育进行合作,合力打造了优酷 PP 体育联合运营平台,并在会员品牌和服务等多个领域进行了合作,不仅提高了平台的影响力,也使苏宁与阿里的电商产品实现了最大化的推广,对于双方来说都成了最终的赢家。另一巨头爱奇艺也与当代明诚旗下的新英体育达成合作同盟,在版权内容、赛事运营、广告营销、会员服务、销售渠道等方面进行了深度合作,打造出了超级在线体育平台。

11.3 体育赛事媒体版权的"下游延伸"

体育赛事媒体版权产业链的下游开发,本质上是对体育赛事媒体版权产业链中、上游开发后所积累的体育赛事迷群资源、社会影响力资源的二次开发,其开发路径是延伸、融合与跨领域的。产业链中、上游的开发模式、开发领域尚且稳定在体育产业内部,但产业链的下游开发在立足于体育迷群及体育赛事影响力的基础上,进一步向前与关联度高的产业、行业进行延伸、融合与跨领域合作,使得下游产业链的开发呈现出形式更加多样、开发主体更加多元以及辐射面积更加广泛的特征。根据目前国内外的开发实践及发展趋势,其主要集中在以下几个方面。

11.3.1 开发文艺作品产业链

对人而言,体育赛事除了具有竞技欣赏价值以外,还是社会生活中的一种独特且不可替代的文化和内容资源,更是一种超级 IP 资源。它使得体育赛事在改编为不同类型文艺作品时的优势突出。

① 象征价值。人是具有象征能力的动物,会被具有高度象征性的体育赛事所吸引。体育赛事竞技台上的激烈的交锋和博弈、竞技生涯的成败与起伏,凝聚成新时代的象征符号或神话传说,人们在欣赏的同时也会投射到自己的人生实践和命运洪流中去。

② 游戏价值。参与游戏的人对游戏本身的原始呼唤,使得参与、观看体育赛事成为一种重要的满足手段和替代性方案。体育赛事呈现出的游戏趣味、游戏规则以及游戏的人,都深深地吸引着参与游戏的人类。

③ 精神价值。体育赛事不仅仅是体力、耐力、智力的比拼,更是精神意志的较量。比如,奥林匹克精神、马拉松精神、女排精神,等等,都是能够流传久远,感染几代人的文化宝藏。

④ 真实价值。体育赛事不同于歌舞表演,没有彩排;不同于文学创作,没有虚构,它是在公平、公开、公正的规则下进行的较量。因此,它任何情况都可能发生,任何结果都必须得到尊重,此种真实往往最能击中人心。

⑤ 戏剧价值。好的体育赛事往往通过比赛规则的设置、竞技双方的激烈较量而呈现出浓厚的戏剧性,冠军可能折戟,黑马可能异军突起,这是最好的

编剧也写不出来的。

⑥ 视觉价值。当代是视觉传播主导的时代，当代很多体育赛事由于激烈的身体碰撞以及独特的赛场环境、场地场馆及设备设施，使得体育赛事成为观赏性极强的一种文化资源。

目前体育赛事改编为文艺作品的主流形式包括电影、电视剧、文学作品、综艺、动漫、纪录片等。其中影响力最大的、应用范围最广的一般是影视改编。从体育电影来看，经典的电影包括《摔跤吧，爸爸》《一个人的奥林匹克》《空中大灌篮》《百万美元宝贝》《弱点》《洛奇》《胜利大逃亡》《一球成名》《苏格拉飞人》《泳出一片天》《冰雪公主》《冰雪奇迹》等。经典的体育电视剧包括《排球女将》《体育老师》《网球王子》《夺金》《篮球火》《甜蜜的暴击》《极速青春》等。以《摔跤吧，爸爸》为例，它根据印度体坛的真实故事改编，以励志和爱国为主题，是一部走向全球的"印度主旋律体育电影"。据不完全统计，其收获全球票房超过 100 亿卢比，中国票房贡献 12.95 亿元。影片高潮部分即取材于 2010 年英联邦运动会女子摔跤 55 公斤级真实比赛录像，这成为近年来体育赛事版权转化为电影作品最为成功的案例之一。

11.3.2 开发文创产品产业链

近年来，国家不断颁布促进体育产业与文创产业融合发展的利好政策。《体育强国建设纲要》(2019 年)提出："丰富体育文化产品。实施体育文化创作精品工程，创作具有时代特征、体育内涵、中国特色的体育文化产品"；《国务院关于推进文化创意和设计服务与相关产业融合发展的若干意见》(2014 年)指出："促进文化与体育产业融合发展。鼓励文化企业向体育领域拓展，支持发展体育竞赛表演、电子竞技、体育动漫等新业态。加强创意设计，提升体育用品及衍生产品附加值。"以上这些政策纲领大大促进了我国体育赛事版权产业不断向文创产业靠拢融合，激励了市场主体拓宽原有产品服务体系和价值开发链条，提升了体育产业增加值。这些都为体育媒体发展体育文创产业带来难得的市场机遇和发展背景。

目前，围绕体育赛事版权展开的文创设计产品主要集中在文化衫、纪念品、吉祥物、奖章、徽章等形式上，产品种类有待于进一步创新，市场化程度有待于进一步加强。目前，国外对体育赛事的传播过程已经形成了较为齐全的衍生产品门类，可以细分为办公用品类、电子产品类、生活用品类、玩具玩偶类、服装鞋帽类、工艺美术品类，如 T 恤、领带、丝巾、袖扣、手表、项链、钥匙链、毛巾、雨伞、U 盘、鼠标垫和各类鞋包等,构造了体育＋生活文创馆模式。体育文创产业链要求各个赛事版权拥有者可以根据自身的赛事特色和现有自然人文资源,有针对性、方向性地进行创意孵化,历经前期资源调研、用户调研、产品元素提炼、产品头脑风暴、方案横向延伸、方案纵向延伸、方案确定、确定结构、开模和加工等一套完整的流程,才能最终形成特色创意产品,进行授权销售。

11.3.3　开发社交产品产业链

在社交媒体时代,体育类网络空间的繁荣与发展极大地释放和满足了人们跨越时空限制进行体育赛事观看与交流交往的需求,同时也延伸了体育赛事版权的产业链条,形成多种基于新媒体技术的体育赛事版权衍生产品——体育赛事类社交产品。体育社交类产品伴随着互联网时代从网络 1.0 时代迈向 2.0 时代,从固定传播走向移动传播,其产品形态和载体也在不断更新演进。一般来说,它分成两大类,一类是体育赛事社交产品是伴生性开发产品。比如,新浪微博的体育频道、话题与社区等。它们往往聚合了一大批体育迷、体育自媒体大 V、体育明星以及俱乐部、赛事官方账号等。该类型的特点是参与人口基数大,但盈利模式还在摸索中,目前多通过网络营销、电商导流等形式盈利。例如,2017 年是中国最大的社交媒体之———新浪微博首次直播有着"美国春晚"称号的美国职业橄榄球大联盟(NFL)决赛,在 4 个小时的比赛期间,直播吸引了 307 万人次观看,比赛开始后的 24 小时内,赛事短视频的微博播放量高达 8 841.6 万人次,微博上有关超级碗的相关话题,总阅读量达到惊人的 16 亿人次,比赛当天新增阅读量近 9 亿人次,其中 46.72％的用户是第一次关注超级碗。

另一类是垂直类精细化体育赛事社交产品。该类型产品完全以体育赛事为主题。比如,虎扑原本是一个主打 NBA 与街头篮球的单一网络论坛,以网络社区的形式发布,探讨 NBA 与街头篮球的相关信息。它依靠详实、全面和差异化的新闻资讯以及受众自己发帖交流,聚集了大批的篮球爱好者,逐步发展成为中国最大的垂直体育社区。它现在逐渐发展成为具有社区网站、小程序、App 等多种形式的社交产品矩阵,覆盖了赛事组织、赛事直播、赛事服务以及商业零售等业务形态。

11.3.4　开发电商平台产业链

新零售及 O2O 业务的迅速发展给体育赛事版权产业链向电商方向发展带来了巨大机会。因为在网络时代，人口流量和注意力是重要稀缺资源，体育赛事版权运营者坐拥大量体育迷群，将它们导流进入电商平台成为新兴业务和盈利模式。当下国内很多头部互联网体育媒体都通过自建电商平台或导流其他电商平台站点的形式来对流量进行价值再开发。较早尝试的是乐视体育，除却售卖乐视体育会员以外，其自建的乐视商城的零售范围涵盖数码家电、酒水饮料、食品生鲜、美妆个护等产品，在直播间隙随时可以跳转相关页面链接，意在搭建体育赛事直通电商的线上生态。此外，与建造全品类电商生态不同，虎扑体育瞄准全球球鞋的火热市场，面向球鞋买家和卖家上线"识货"App，目前已成为中国重要的球鞋流通平台之一。

除了自建平台以外，体育赛事业可以选择与大型电商平台进行合作，多采用平台入驻及开设旗舰店、专卖店等形式来拓展自身线上零售渠道。比如NBA，它在淘宝天猫、京东等平台上开设了官方旗舰店并持续运营，售卖鞋服设备等周边产品；同时，在新浪微博开设了"NBA 商城"官方账号，随时更新相关产品资讯。

11.3.5　开发赛事旅游产业链

体育赛事是旅游业新兴崛起的板块，也是全新的旅游吸引物，连接巨大消费旅游市场。因为体育赛事作为现代社会的重要景观，短时间内会吸引大量人群的聚集。特别对于自身体育迷来说，呈现出"逐赛事而游"的行为特征，他们的到来往往会形成一股体育旅游的风潮，为赛事所在地带来餐饮、住宿、交通、票务等方面的收益。

根据国务院发布的《关于加快发展体育产业促进体育消费的若干意见》《加快发展体育竞赛表演产业的指导意见》等政策指引，鼓励国内旅行社结合体育赛事活动设计开发旅游产品和路线，争取在 2025 年之前实现建设若干具有较大影响力的体育赛事城市和体育竞赛表演产业集聚区，推出 100 项具有较大知名度的体育精品赛事。而且随着我国体育赛事审批权的放开，未来我国体育赛事旅游产业将出现蓬勃发展的态势，体育赛事对"吃、住、行、游、娱、购"等领域的带动效应将会进一步扩大。比如，2008 年北京奥运会期间，中国国家旅游局制定了《2008 奥运旅游工作计划》;2012 年伦敦奥运会期间,伦敦市政府制定了《伦敦旅游业行动计划(2009—2013)》。以 F1 大奖赛上海站为例,它是上海六大品牌赛事之一。2018 年,F1 中国大奖赛 3 天累计到场约 16.5 万人次,入场观赛约 14.5 万人次。根据之前的调查统计,F1 观众 33%来自境外,以欧美为主;37%来自境内上海以外的地区。因此,赛事作为旅游吸引物的作用较明显。同时,F1 观赛群体呈现出高端化的特点,人均旅游消费较高,他们花在娱乐、餐饮和住宿方面的平均消费是一般游客的 4 倍左右。

11.3.6　开发互动游戏产业链

　　游戏是继绘画、雕刻、建筑、音乐、诗歌(文学)、舞蹈、戏剧、电影等八大类艺术形式之后被人们公认的第九类艺术。近年来,电子游戏产业持续蓬勃,成为产业发展的蓝海。《2019 年 1—6 月中国游戏产业报告》显示,2020 年上半年,中国游戏市场实际销售收入为 1 140.2 亿元,同比增长 8.6%,增速同比提高 3.4%。上半年我国游戏用户规模达 6.4 亿,同比增长 5.9%。体育是电子游戏中的一个重要元素,体育赛事本身富含的独特 IP 属性和受众效应,能够帮助体育电子游戏成为电子游戏中的一个重要类型。全球比较知名的特色体育项目电子游戏有《NBA2K19》《FIFA19》《实况足球 2019》《美国职业摔角联盟 2K18》《NBA2K 欢乐竞技场 2》《麦登橄榄球 19》《网球世界巡回赛》《澳洲国际网球》等,很多玩家都是经赛事球迷牵引、导流成为体育电子游戏用户的,更加深化了他们的赛事黏性。此外,目前电子游戏赛事化运营也是当今电子游戏圈一大趋势之一,很多体育赛事拥有者将目光投向电子竞技,对他们进行专业化的版权开发与运营,比如,上海举办的《DOTA2》亚洲邀请赛等。此外,伴随着新媒体技术的普及,体育赛事互动转化的形式也越来越数字化和网络化,开始出现运用 VR\AR 等新形式来进行数字新媒体艺术创作的作品。

参考文献

[1] 2017 年中国体育产业迎来爆发期,体育赛事增长 480%[EB/OL].http://
www. clii. com. cn/zhhylm/zhhylmHangYeZiXun/201709/t20170918 _
3912492.html.

[2] 国家发改委:体育产业对促消费、惠民生、稳增长的作用不断体现[EB/
OL].http://ici. sdu. edu. cn/info/1009/2938.htm.

[3] 中国新闻网:中国队转播权卖出天价 足协迎来前所未有"商机"[EB/OL].
https://www.Chinanews.com.cn/m/ty/2015-04-03/7182566.shtml.

[4] 芮明杰.论产业链的整合[M].上海:复旦大学出版社,2006(4):5-6.

[5] 刘贵富,赵英才.产业链:内涵、特性及其表现形式[J].财经理论与实践,
2006(3):114-117.

[6] 吴金明,邵昶.产业链形成机制研究——"4+4+4"模型[J].中国工业经
济,2006(4):36-43.

[7] 王宏强.产业链重构:概念、形式及其意义[J].山东社会科学,2016(05):
189-192.

[8] Porter M E. Clusters and the New Economics of Competition[J].
Harvard Business Review, 1998:77-90.

[9] Losifidis P. The Political Economy of Television Sports Right[M]. New
York: Palgrave Macmillan, 2013.

[10] 涂颖清,杨林.从竞争到协作产业链演化的驱动因素分析[J].经济纵横,
2010(4):15-18.

[11] 刘烈宏,陈治亚.产业链演进的动力机制及影响因素[J].世界经济与政治
论坛,2016(1):160-172.

[12] 王玲俊,王英.光伏产业链系统协同演化动力机制研究[J].华东经济管
理,2017,31(12):170-177.

［13］李湘楼.产业链视域下农村电商可持续发展的动力机制探讨［J］.商业经济研究,2019(2):73-75.

［14］刘贵富.产业链运行机制模型研究［J］.财经问题研究,2007(8):38-42.

［15］肖小虹.中国农业产业链培育框架构建:原则、目标、主体和运行机制［J］.贵州社会科学,2012(11):76-79.

［16］张庆彩,吴椒军,张先锋.我国新能源汽车产业链协同发展升级的运行机制及路径探究［J］.生态经济,2013(10):122-125.

［17］王静.现代物流产业链创新模式与运行机制——基于中国现代农产品物流需求与现行模式分析［J］.社会科学家,2014(6):55-60+82.

［18］Peteraf M A. The Cornerstones of Competitive Advantage: A Resource-based View［J］. Strategic Management Journal, 1993, 14(3): 179-191.

［19］Cai H B, Obara I. Firm Reputation and Horizontal Integration［J］. The Rand Journal of Economics, 2009, 40(2): 340-363.

［20］Michael Z. Consolidating the Water Industry: An Analysis of the Potential Gains from Horizontal Integration conditional Efficiency Framework［J］. Journal of Productivity Analysis, 2015, 44(1): 97-114.

［21］李怀,王冬,吕延方.我国产业整合趋势、机理及其绩效分析——基于2003—2008上市企业并购案例的微观视角［J］.宏观经济研究,2011(10):27-39.

［22］Ordover J A, Garth S, Steven C S. Equilibriam Vertical Foreclosure［J］. American Economic Review, 1990, 80(1): 127-142.

［23］Loertscher S, Reisinger M. Market Structureand the Compe titive Effectsof Vertical Integration［J］. The Rand Journal of Economics, 2014, 45(3): 471-494.

［24］Normann H T. Vertical Integration, Raising Rivals' Costs and Up stream Collusion［J］. European Economic Review, 2009, 53(4): 461-480.

［25］吴刚,朱勇.垂直整合及排斥对企业创新的影响［J］.软科学,2013,27(8):100-103.

［26］白让让.纵向结构与投入品竞价合谋的悖论分析——日资配件企业"垄断协议"案的若干思考［J］.财经研究,2016,42(5):111-122.

［27］安福秀,黄丽娟,宁猛.中国体育电视媒体发展困境与出路——以体育版权为视角［J］.成都体育学院学报,2014,40(11):1-6.

[28] 李颖.新媒体时代下我国体育版权贸易的现状和主要问题[D].对外经济贸易大学,2016:15-16.

[29] 王志学,张勇,王雅琴.经济学视角下体育赛事版权市场的发展[J].北京体育大学学报,2017,40(4):29-36.

[30] 林小爱,刘丹.体育知识产权若干热点问题研讨会综述[J].武汉体育学院学报,2018,52(2):26-31+63.

[31] 毕雪梅.体育版权交易的发展趋势及对国内体育媒体的启示[J].电视研究,2014(3):62-64.

[32] 唐红斌,朱艳.我国体育赛事媒体版权运营的破局之道[J].出版发行研究,2018(3):34-36.

[33] 王凯.体育赛事媒体版权产业链的理论建构与基础路径[J].成都体育学院报,2019,45(2):22,30+127.

[34] 邱大卫.体育赛事电视转播权及其市场开发[J].成都体育学院学报,2003(1):36-38.

[35] 李新文.美国职业体育赛事电视转播权开发的经验及启示[J].当代电视,2016(10):84-85.

[36] 张征.全球性体育赛事转播权的深度开发策略[J].新闻战线,2017(16):70-71.

[37] 张立,石磊,黄文卉等.体育赛事电视转播权的研究[J].体育科学,1999(06):5-8+12.

[38] 王平远.大型体育赛事电视转播权有效开发探讨——基于福利经济学和博弈论的视角[J].体育科学,2010,30(10):23-29.

[39] 蔡祥雨,刘志强,胡良楠等.电视媒体推动NBA运营对我国体育赛事转播运营的启示[J].中国市场,2015(40):13-14.

[40] 孔庆波.国内体育赛事转播权消费现状与赛事运营开发[J].南京体育学院学报(社会科学版),2014,28(3):56-61.

[41] 李劼.如何高效运营体育赛事版权[N].中国新闻出版广电网,2016-06-16(第006版).

[42] 胡乔.我国体育赛事电视转播权有效开发的策略思考[J].湖北师范学院学报(哲学社会科学版),2011,31(2):105-109.

[43] 于晗,金雪涛.基于产权理论的体育赛事转播权开发研究[J].生产力研究,2013(6):74-77.

[44] 李金宝.体育赛事转播权法律性质认定的困境[J].电视研究,2015(10):

74－76.

[45] 张玉超.体育赛事转播权法律性质及权利归属[J].武汉体育学院学报，2013,47(11):40－46＋58.

[46] 欧阳爱辉.也谈体育赛事转播权法律性质界定的二分法——与冯春博士商榷[J].成都体育学院学报,2017,43(4):66－71.

[47] 何培育,蒋启蒙.体育赛事网络转播商业模式与版权保护研究[J].体育文化导刊,2017(8):99－103.

[48] 张玉超.体育赛事新媒体转播权之二分法律属性探讨[J].武汉体育学院学报,2018,52(7):62－69.

[49] 吴雨辉.体育赛事转播权法律保护的新路径[J].知识产权,2018(12):31－40.

[50] 张志伟.体育赛事转播权的法律保护路径[J].武汉体育学院学报,2013,47(5):53－57.

[51] 石磊,张立.国际上有关体育赛事电视转播权经营与销售的初步研究[J].体育科学,1999(4):65－68.

[52] 齐朝勇.中美体育赛事电视转播权营销现状比较研究[J].西安体育学院学报,2006(2):31－33.

[53] 姜熙,谭小勇.美国职业体育赛事转播权销售的反托拉斯政策分析[J].武汉体育学院学报,2011,45(4):44－51.

[54] 向会英.比较法视野下欧美国家职业体育赛事转播权研究[J].成都体育学院学报,2019,45(1):42－49.

[55] 袁艳平.战略性新兴产业链构建整合研究——基于光伏产业的分析[D].西南财经大学,2012:29－30,110.

[56] 陈亚光,王扬,高雅.产业链 RVO 分析范式研究[J].工业技术经济,2015,34(5):65－72.

[57] 郭晴.体育组织与公共关系运行[M].北京:人民体育出版社,2013,12:173.

[58] 腾讯网:上海广东确认免费转播英超,天盛破产只待宣布[EB/OL].https://sports.qq.com/a/20100812/000767.htm.

[59] 刘平.对传统供需理论的反思[J].市场营销导刊,2007(1):54－56.

[60] 王欣,王珊珊,高攀.信息产业链形成动因研究[J].东北电力大学学报,2011(3):84－88.

[61] 体育组织[EB/OL].https://baike.baidu.com/item/体育组织/6741290.

[62] 孝飞燕.我国体育赛事版权运营困境及影响因素研究[D].大连理工大学，2019：10.

[63] 腾讯拿下 NBA 版权，阿里出价更高[EB/OL].[2019 - 07 - 29].http://www.iheima.com/article - 247627.html.

[64] 体育版权格局走向巨头化 苏宁体育要叠加不同的商业模式[EB/OL].http://news.mydrivers.com/1/605/605899.htm.

[65] 泛娱乐化[EB/OL].https://baike.baidu.com/item/泛娱乐化/6758848.

[66] 国家广播电影电视总局：关于加强体育比赛电视报道和转播管理工作的通知[EB/OL].http://www.law-lib.com/law/law_view1.asp? id_71306.

[67] 国家新闻出版广电总局：关于改进体育比赛广播电视报道和转播工作的通知，[2015] 125 号 [EB/OL]. https://hk. lexiscn. com/law/caw-Chinese-1-3371215-T.html? eng＝0&prid＝.

[68] 易旭明，倪琳.我国电视产业的自然垄断、行政垄断与非垄断领域[J]当代电影,2011(2)：141 - 144.

[69] 曾元祥.数字出版产业链的构造与运行研究[D].武汉大学博士学位论文，2015：18.

[70] 刘贵富.产业链基本理论研究[D].吉林大学,2006：161.

[71] 王凯.体育赛事版权引进热的冷思考与应有方略[J].山东体育学院学报，2016,32(4)：16 - 20.

[72] 游振华，李艳军.产业链概念及其形成动力因素浅析[J].华东经济管理，2011,25(1)：100 - 103.

[73] 刘春全，李仁刚.供应链管理研究现状综述[J].华中农业大学学报（社会科学版),2008(2)：63 - 66＋72.

[74] 曾文莉.新格局下的体育传播研究——2017 年第四届体育传播国际论坛述评[J].成都体育学院学报,2018,44(2)：37 - 42.

[75] 龚勤林.区域产业链研究[D].四川大学,2004：38.

[76] 国务院关于加快发展体育产业促进体育消费的若干意见国发〔2014〕46 号[EB/OL].http://www.gov.cn/zhengce/content/2014 - 10/20/content_9152.htm.

[77] 李贤沛，胡立君.21 世纪中国的产业政策[M].北京：经济管理出版社,2005.

[78] 收视中国：NBA 在中国的电视传播现状及收视分析[EB/OL].[2019 - 02 - 28].https://www.sohu.com/a/298411791_99958508.

[79] 阮伟.赛事:城市动态传播之灵魂[M].北京:中国社会科学文献出版社, 2014,11:331,403.

[80] 潘成云.解读产业价值链[J].当代财经,2001(9):7-12.

[81] 刘贵富,赵英才.产业链的分类研究[J].学术交流,2006(8):102-106.

[82] 方卿.产业链分类与出版产业链的类别归属[J].科技与出版,2008(8): 76-78.

[83] 刘志迎,赵倩.产业链概念、分类及形成机理研究述评[J].工业技术经济, 2009,28(10):51-55.

[84] 产业链整合[EB/OL].http://baike.com/item/产业链整合/7464366.

[85] 吕强龙.冲突与整合—中国数字出版产业链研究[D].复旦大学,2013.

[86] 董爱军.信息产业链创新的模式研究[D].武汉理工大学,2011.

[87] 郁艾鸿.产业链类型与产业链效率基准[J].中国工业经济,2005(11):35-42.

[88] 张雷.产业链纵向关系治理模式研究[D].复旦大学,2007:45-55.

[89] 邢彦辉"互联网+"视域下网络视频产业链的优化[J].当代传播,2017(3): 90-93.

[90] 张维迎.信息、信任与法律[M].上海:三联书店出版社,2003:10-30.

[91] Attaran M. Industrial Diversity and Economic Performance in U. S. Areas[J]. Annals of Regional Science. 1986(20): 44-44.

[92] 估值翻12倍,手握310项赛事版权,乐视体育狂奔的原因在这里[EB/ OL].http://tech.163.com/16/0413/10/BKHCR6AU00094ODU.html.

[93] 环球网[EB/OL].https://China.huanqiu.com/article/9CaKrnJXgz5.

[94] 2017年中国体育赛事版权现状分析及价格提升空间分析[EB/OL]. http://www.chyxx.com/industry/201712/589116.html.

[95] 董树功.战略性新兴产业的形成与培育研究[D].南开大学博士学位论文, 2012(6):72.

[96] 高鸿业.西方经济学(微观部分)[M].北京:中国人民大学出版社,2011: 16,18.

[97] 孙丽文,杜鹃.基于推拉理论的生态产业链形成机制研究[J].科技管理研 究,2016(16):219-224.

[98] 马正华.传媒"泛娱乐化"及其伦理困境[J].东南大学学报(社会科学版), 2015(6):52-58.

[99] [美]尼尔·波兹曼.娱乐至死[M].章艳,译.桂林:广西师范大学出版 社,2011.

［100］黄海燕，潘时华.长三角地区体育产业发展报告［M］.北京：社会科学文献出版社，2017(10)：138.

［101］Chase J M, Abrams P A, Grover J P, et al. The Interaction between Predation and Competition：A Review and Synthesis［J］. Ecology Letters，2002(5)：302－315.

［102］Coase R H. The Institutional Structure of Production［M］. Handbook of New Institutional Economics，2008，pp：31－39.

［103］腾讯.众媒时代：2015 中国新媒体趋势报告［R］.腾讯网、企鹅智酷、清华大学新闻与传播学院新媒体研究中心，2015：1.

［104］http://stateofthemedia.org/2011/overview-2/keyfindings/2011－3－14.

［105］John McGuire, Greg G Armfield, Adam Earnheardt. The ESPN Effect：Exploring the Worldwide Leader in Sports［M］. Peter Lang Academic Publisher，2015：3，23.

［106］John McGuire, Greg G Armfield, Adam Earnheardt. The ESPN Effect：Exploring the Worldwide Leader in Sports［M］. Peter Lang Academic Publisher，2015：3.

［107］John McGuire, Greg G Armfield, Adam Earnheardt. The ESPN Effect：Exploring the Worldwide Leader in Sports［M］. Peter Lang Academic Publisher，2015：32.

［108］John McGuire, Greg G Armfield, Adam Earnheardt. The ESPN Effect：Exploring the Worldwide Leader in Sports［M］. Peter Lang Academic Publisher，2015：5.

［109］［美］乔治·博登海默，［美］唐纳德·T.菲利普斯.刘雨客，译.体育无处不在：ESPN 的崛起［M］.北京：文化发展出版社，2019：25.

［110］［美］乔治·博登海默，［美］唐纳德·T.菲利普斯.刘雨客，译.体育无处不在：ESPN 的崛起［M］.北京：文化发展出版社，2019：38.

［111］John McGuire, Greg G Armfield, Adam Earnheardt. The ESPN Effect：Exploring the Worldwide Leader in Sports［M］. Peter Lang Academic Publisher，2015：82.

［112］［美］乔治·博登海默，［美］唐纳德·T.菲利普斯.刘雨客，译.体育无处不在：ESPN 的崛起［M］.北京：文化发展出版社，2019：39.

［113］［美］乔治·博登海默，［美］唐纳德·T.菲利普斯.刘雨客，译.体育无处不在：ESPN 的崛起［M］.北京：文化发展出版社，2019：60.

[114] [美]乔治·博登海默,[美]唐纳德·T.菲利普斯.刘雨客,译.体育无处不在:ESPN 的崛起[M].北京:文化发展出版社,2019:83.

[115] [美]乔治·博登海默,[美]唐纳德·T.菲利普斯.刘雨客,译.体育无处不在:ESPN 的崛起[M].北京:文化发展出版社,2019:176.

[116] 刘捷.美国 ESPN 品牌的发展经验及启示[J].新闻战线,2017(6):72-73.

[117] [美]乔治·博登海默,[美]唐纳德·T.菲利普斯.刘雨客,译.体育无处不在:ESPN 的崛起[M].北京:文化发展出版社,2019:130.

[118] [美]乔治·博登海默,[美]唐纳德·T.菲利普斯.刘雨客,译.体育无处不在:ESPN 的崛起[M].北京:文化发展出版社,2019:165.

[119] [美]乔治·博登海默,[美]唐纳德·T.菲利普斯.刘雨客,译.体育无处不在:ESPN 的崛起[M].文化发展出版社,2019:123.

[120] [美]乔治·博登海默,[美]唐纳德·T.菲利普斯.刘雨客,译.体育无处不在:ESPN 的崛起[M].北京:文化发展出版社,2019:137.

[121] [美]乔治·博登海默,[美]唐纳德·T.菲利普斯.刘雨客,译.体育无处不在:ESPN 的崛起[M].北京:文化发展出版社,2019:200.

[122] 36 克氢.要拿什么拯救你,迪士尼的 ESPN[EB/OL].https://36kr.com/p/1721300860929.2016-12-21.

[123] John McGuire, Greg G Armfield, Adam Earnheardt. The ESPN Effect: Exploring the Worldwide Leader in Sports[M]. Peter Lang Academic Publisher, 2015: 52.

[124] [美]乔治·博登海默,[美]唐纳德·T.菲利普斯.刘雨客,译.体育无处不在:ESPN 的崛起[M].北京:文化发展出版社,2019:171.

[125] [美]乔治·博登海默,[美]唐纳德·T.菲利普斯.刘雨客,译.体育无处不在:ESPN 的崛起[M].北京:文化发展出版社,2019:47.

[126] [美]乔治·博登海默,[美]唐纳德·T.菲利普斯.刘雨客,译.体育无处不在:ESPN 的崛起[M].北京:文化发展出版社,2019:110.

[127] 韩晓宁,王静君.从极限运动推广看 ESPN 内容资源运营[J].青年记者,2010(13):80-82.

[128] John McGuire, Greg G Armfiled, Adam Earnheardt. The ESPN Effect: Exploring the Worldwide Leader in Sports[M]. Peter Lang Academic Publisher, 2015: 85.

[129] [美]乔治·博登海默,[美]唐纳德·T.菲利普斯.刘雨客,译.体育无处不在:ESPN 的崛起[M].北京:文化发展出版社,2019:213.

[130] 胡琳曼.乐视网全产业链运作模式研究[D].湖南师范大学,2015.

[131] 乐视体育打造体育生态以互联网为节点上下游发展[EB/OL].http://sports.people.com.cn/n1/2016/0310/c403172-28188674.html.

[132] 陶丽.HULU 模式暨中国若干视频网站的 SWOT 分析[J].东南传播,2013(2):91-93.

[133] 杜友君,杨赫,李人杰.乐视体育生态管理运营模式解析[J].上海体育学院学报,2017,41(6):78-82.

[134] 钱玲玲.多元化战略下资金链断裂的财务预警分析[D].南京信息工程大学,2019.

[135] Dutton J and S Jackson. Categorizing Strategic Issues: Links to Organizational Action[J]. Academy of Management Review,1987,12(1):76-90.

[136] Barney J B. Firm Resources and Sustainable Competitive Advantage[J]. Journal of Management,1991,17(1):99-120.

[137] 鲁喜凤,郭海.机会创新性、资源整合与新企业绩效关系[J].经济管理,2018(10):44-57.

[138] James Moor. Predators and Prey:A Newecology of Competition[J]. Harvard Business Review,1993(3):75-86

[139] 肖红军.共享价值、商业生态圈与企业竞争范式转变[J].改革,2015(07):129-141.

[140] 刘思希.乐视刺破互联网泡沫[EB/OL].https://www.chinatimes.net.cn/article/69051.html.

[141] 张蜀君.股价从飙涨到暴跌乐视网还有多少泡沫？[EB/OL].[2017-07-14].http://stock.eastmoney.com/news/1452,20170305717102884.html? open_source=weibo_search.

[142] 李恒.互联网重构体育产业及其未来趋势[J].上海体育学院学报,2016,40(6):8-15.

[143] 张德胜,张钢花,李峰.媒体体育的传播模式研究[J].体育科学,2016,36(5):3-9.

[144] 从 1978—2018：中国人观看世界杯的四十年演进史[EB/OL].[2018-06-12].http://www.sohu.com/a/235119261_463728.

[145] 世界杯回顾:1990 意大利之夏到 2018 无缘世界杯[EB/OL].[2018-06-19].http://Zhuanlan.zhihu.com/38256518.

[146] 优酷喜提世界杯版权！上次赚了 15 亿的央视，为何要分享利益？[EB/OL].[2018-05-30].http://www.sohu.com/a/233448054_100145343.

[147] 滕莉,杜行轩.世界杯报道:新媒体路在何方[J].中国广播电视学刊,2018(5):108-111.

[148] 严福建.本届世界杯央视依然霸屏,但新媒体开始加入战局[EB/OL].[2018-06-27].http://www.sohu.com/a/238127676_482792.

[149] 王凯,陈明令.体育新闻传播的特征、人才能力要求与体育新闻传播教育供给侧改革——基于奥运传播的观察[J].南京体育学院学报(社会科学版),2017,31(2):7-13.

[150] 谢新洲.媒介经营与管理[M].北京:北京大学出版社,2011(11):35.

[151] Quest Mobile 世界杯小组赛数据调查报告:豪门"央视+移动"VS 新贵"阿里娱乐+优酷",谁将胜出？[EB/OL].[2018-07-04].https://www.quest mobile.com.cn/blog_151.html.

[152] 田红媛.互联网时代涵化理论的变迁与启示[J].采写编,2016(2):49-50.

[153] 胡翼青.碎片化的新闻专业主义:一种纯粹概念分析的视角[J].新闻大学,2018(3):17-22+42+147.

[154] 浙江日报:太火了！世界杯揭幕战拉动优酷移动端用户增 160%[EB/OL].https://baijiahao.baidu.com/s?id=160333819120203890+&wfr=spider&for=pc.

[155] 魏然.产业链的理论渊源与研究现状综述[J].技术经济与管理研究,2010(6):140-143.

[156] 郑大庆,张赞,于俊府.产业链整合理论探讨[J].科技进步与对策,2011,28(2):64-68.

[157] 石新国.社会互动的经济分析:一个综述[J].制度经济学研究,2013(1):227-238.

[158] 李涛.社会互动与投资选择[J].经济研究,2006(8):45-57.

[159] 国家统计局:我国体育产业蓬勃发展前景广阔——第四次全国经济普查系列报告之十五[EB/OL].http://www.stats.gov.cn/tjsj/zxfb/202001/t20200120_1724133.html.

[160] 国家体育总局:第六次全国体育场地普查数据公报[EB/OL].http://www.sport.gov.cn/n16/n1077/n1467/n3895927/n4119307/7153937.html.

[161] 腾讯企鹅智库主编:《2018 中国篮球产业白皮书》[EB/OL].http://

news.cyol.com/yuanchuang/2018—11/07/content_17763599.htm.

[162] 腾讯公司官网:https://www.tencent.com/zh－cn/investors.html♯investors‑con‑2.

[163] 亨利·詹金斯等,融合文化:新媒体和旧媒体的冲突地带[M].杜永明,译.北京:商务印书馆,2012:30.

[164] 亨利·詹金斯等,融合文化:新媒体和旧媒体的冲突地带[M].杜永明,译.北京:商务印书馆,2012:50.

[165] 界面新闻:《腾讯体育会员收入接近15%,溢价过高的赛事不要》[EB/OL].[2017－01－25].https://www.jiemian.com/article/1089635.html.

[166] 李楠,王秀繁,西方经济学[M].北京:中国铁道出版社,2010:112.

[167] 肖海霞.非对称信息与国有商业银行新增不良资产的防范[D].四川大学硕士论文,2004.

[168] 深度——揭秘中国之队媒体版权竞标 央视为何落标[EB/OL].http://www.dtzjkpower.com/index.php/2021/12/21/4685/.

[169] 周韬,任宏,晏永刚等.基于合作博弈的巨项目组织联盟合作协调研究[J].土木工程学报,2011,44(S1):215‑219.

[170] Tanimotoal location K,Okada N,Tatano H. Project through Contingent Costal Location Risk[J]. IEEE International Teleconference,Man and Cybernetics,2000512‑517.

[171] 张汉飞.消饵体制性产能过剩:从非合作博弈到合作共赢[J].经济研究参考,2013(18):5‑11＋18.

[172] 世界杯直播背后的黑科技,腾讯云极速高清技术驱动体育直播发展[EB/OL].https://m.huanqiu.com/article/9CaKrnKaeZG.